W0248413

DIE FARBEN DER ERDE

Die faszinierendsten Naturlandschaften unseres Planeten

Zu diesem Buch

Rot glühende Bergspitzen im Licht der untergehenden Sonne, dunkelgrüne Schattierungen in den tropischen Regenwäldern, knallblau leuchtende Ozeanküsten – unsere Welt ist ein grandioses Farbenspektakel, das den Betrachter jedes Mal aufs Neue herausfordert, den Blick zu schärfen und das gerade Gesehene zu verarbeiten.

Beeindruckt staunen wir über das sich schier ins Endlose ausbreitende Orange von Wadi Rum oder Rub al-Khali und die leuchtend lila blühenden Lupinen im Arthur's Pass Nationalpark. Die Erde ist ein unerschöpflicher Schatz an Farbenpracht und Formenvielfalt. Ihre Schönheit und ihr unfassbarer Reichtum an Naturphänomenen und faszinierenden Landschaftsbildern könnten ganze Bibliotheken füllen. Dieser Bildband muss sich notgedrungen mit einer Auswahl davon begnügen. Dennoch offenbart vielleicht gerade diese visuelle Komprimierung das Geheimnis unserer Welt, wie fantastisch und einfallsreich sie ist. Es ist eine Weltreise, die Sehnsüchte weckt und gleichzeitig das Fernweh ein wenig zu stillen versucht.

Um die Vielschichtigkeit der Panoramabilder leichter zu erfassen, wurden die fünf dominantesten Farbwerte eines jeden Bildes extrahiert und gesondert über das Bild gestellt. So fokussieren wir beim Betrachten der Seiten unser Bewusstsein auf die unermesslich große Farbpalette der Natur. Wir wünschen eine eindrucksvolle Reise für die Sinne!

Bilder: S. 2-3: Insel St. Pierre, Seychellen; S. 4: Sextener Dolomiten, Italien; S. 5: Gebirgstal Romsdalen, Norwegen; S. 6: »Twelve Apostles«, Australien; S. 7: Namib-Rand-Naturreservat, Namibia; S. 8-9: Nationalparks Los Glaciares, Argentinien; S. 10: Kauai, USA; S. 11: Fiordland National Park, Neuseeland; S. 12: Anemonenfisch, Indonesien; S. 13: Eishöhle in Island; S. 14-15: Grand Canyon, USA; S. 16: Lobelie, Uganda

Inhaltsverzeichnis

Europa

Von Nord nach Süd, von Ost nach West: ständig wandelt Europa sein Gesicht. Mittelgebirge und Tiefebenen, Weinberge und Seenlandschaften sorgen dafür, dass sich Europa selbst nie langweilig wird und so bezaubert der Kontinent gerade durch seine Vielfalt, die zwischen Nordmeer und Andalusien liegt.

Snæfellsnes
Island

Die Halbinsel Snæfellsnes inspiriert seit jeher Künstler: Der 436 Meter hohe Kirkjufell mit seiner fantastischen Umgebung diente schon mehrmals als Filmkulisse, unter anderem für die Serie »Game of Thrones«. Und der Vulkan Snæfellsjökull bildet in Jules Vernes »Reise zum Mittelpunkt der Erde« den Eingang zur Unterwelt.

Fantastisch ist das Farbenspiel in Landmannalaugar im Südwesten der Insel: tiefgrüne Moose, weißer Schnee und pechschwarze Lavazungen treffen auf rötliche Erde, in Jahrtausenden durch eisenhaltige Dämpfe verfärbt. Sie erinnern daran, dass es auf Island mehr als 30 aktive Vulkansysteme gibt.

Landmannalaugar

Island

Gullfoss

Island

Gullfoss bedeutet übersetzt »goldener Wasserfall«. In zwei breiten Kaskaden stürzen seine Wassermassen in den bis zu 70 Meter tiefen Canyon Gullfossgjúfur. Der Wasserfall im Süden Islands, im Herzen des Goldenen Kreises, gilt als einer der schönsten Wasserfälle weltweit. Seit 1979 steht er unter Naturschutz.

Die Natur auf Island liebt Kontraste, und so blühen zu Füßen des schroffen Berges Krossanesfjall die Wiesen voller lieblicher Wildblumen. Die markante Felsnase Eystrahorn ist das Pendant zur weit bekannteren Felsformation Vestrahorn jenseits der Bucht Lón. Beide sind wohl Reste einer großen Caldera.

Krossanesfjall

Island

Nordlichter

Island

Unwirklich schön tanzen die Nordlichter über den Himmel, ziehen Schleier und sprühen Funken in Grüngelb oder Orange – wer möchte sie nicht einmal in der Natur erleben? Da Island knapp unterhalb des Polarkreises liegt, stehen die Chancen hier gut, am besten in den Tagen um die Tagundnachtgleiche .

Nordlichter

Island

Háifoss

Island

Der Wasserfall Háifoss ist nach Morsárfoss und Glymur der dritthöchste Islands. Über eine steile Stufe stürzt die Fossá í Þjórsárdal 122 Meter in die Tiefe, unten schlagen die Wassermassen laut donnernd auf das schwarze Lavagestein – sobald die Sonne scheint, zeigen sich in der Gischt wunderbare Regenbogen.

Háifoss

Island

Spitzbergen

Norwegen

Einst hausten Walfänger und Robbenjäger auf den Inseln Spitzbergens im Arktischen Ozean, heute kommen begeisterte Besucher, die vor allem hoffen, auf die bekanntesten Bewohner Spitzbergens zu treffen: die Eisbären. Hier zeigt sich ein einzelnes Exemplar am Monaco-Gletscher im Nordvest-Spitsbergen-Nationalpark.

Senja
Norwegen

Über eine der längsten Pfeilerbrücken Europas kommt man vom Hurtigruten-Hafen Finnsnes nach Senja, der zweitgrößten norwegischen Insel. Ihr Wahrzeichen sind die Okshornan, die »Zähne des Teufels«, steile Gipfel, deren Wände bis zu 559 Meter hoch über der zerklüfteten, rauen Küstenlandschaft emporragen.

Lofoten

Norwegen

Die vermutlich bekannteste Inselgruppe Norwegens sind die Lofoten. Und das ist auch kein Wunder: Kleine Fischerdörfer, unzählige Seen und Fjorde, sowie die steil aufragenden Berge bilden ein unnachahmliches Idyll. Einer der Orte ist Reine, im Sonnenaufgang leuchten die Häuser in warmen Tönen.

Die gewaltigen Moschusochsen können bis zu 400 Kilogramm schwer werden. Wegen ihres Fleisches und ihres Fells wurden sie viel gejagt, seit 1947 sind sie im Dovrefjell-Sunndalsfjella-Nationalpark erfolgreich wieder angesiedelt. Man sieht sie in freier Wildbahn, mit etwas Glück bei einer Wanderung zum Berg Snøhetta.

Nationalpark Dovrefjell-Sunndalsfjella

Norwegen

Geirangerfjord

Norwegen

Der 15 Kilometer lange Geirangerfjord, der sich mehrere Hundert Meter tief in die Landschaft eingegraben hat, ist UNESCO-Welterbestätte und zählt zu den spektakulärsten Orten der Welt. Besonders die Wasserfälle, die – von Legenden umrankt – in großer Zahl von den Hängen in den Fjord stürzen, sind eindrucksvoll.

Lysefjord

Norwegen

Eigentlich hoffte man, von der Felsplattform des Preikestolen den Lysefjord zu sehen, doch das Wetter hält eine Überraschung bereit: Ein dichter, weicher Wolkenteppich liegt über dem Fjord, beleuchtet von den goldenen Strahlen der untergehenden Sonne – ein unwiderbringlicher Moment, ein Geschenk der Natur.

Lappland

Finnland

Ein Traum in Weiß: Wie märchenhafte Skulpturen schimmern die verschneiten Bäume in der verträumten Winterlandschaft Lapplands. Die klirrende Kälte verleiht allem eine ganz besondere Klarheit. und im glänzenden, warmen Morgenlicht zeigt sich die längste Jahreszeit Finnlands von ihrer schönsten Seite.

Im Osten Finnlands, nahe der Grenze zu Russland, fließt der mächtige Oulankajoki. Er prägt die Landschaft mit ruhigen Mäandern, reißenden Stromschnellen, Wasserfällen und einem großen See. Der Nationalpark ist ein Paradies für Rafting- und Trekkingtouren – die »Kleine Bärenrunde« ist legendär.

Nationalpark Oulanka

Finnland

Shetlandinseln

Großbritannien

Ist es nicht dieses Bild, das Menschen von Schottland träumen lässt? Wellen, die gegen schroffe Felsen prallen, darüber ein weicher Teppich aus saftigem Grün. Der Tag war sonnig, nun ziehen Wolken auf ... Schottland ist ein Land der Gegensätze, hier harmonisch vereint in der Bucht von Scousburgh auf den Shetlandinseln.

Shetlandinseln

Großbritannien

Northwest Highlands

Großbritannien

Hell strahlend erhebt sich die Sonne am Morgen über den Horizont und taucht das An-Teallach-Massiv in eindrucksvolle Farben. Über etwa ein Drittel Schottlands erstrecken sich die Northwest Highlands. Moorheide, Farne, Gräser und Moose bestimmen hier das Bild der Landschaft, ebenso wie die weitläufigen Berge.

Northwest Highlands

Großbritannien

Isle of Skye

Großbritannien

Der Old Man of Storr, eine 48 Meter hohe Felsnadel, wacht über die Küste der Isle of Skye. Die kleineren Felsen neben ihm werden oft als seine Familie bezeichnet. Glaubt man der Legende, dann handelt es sich beim Old Man um einen Mann, der auf der Suche nach einer entlaufenen Kuh von Riesen versteinert wurde.

Tief ziehen die Wolken über den Gipfeln dahin und bedecken die Hänge im Tal Glen Nevis. Steal Falls, die zweithöchsten Wasserfälle Schottlands, ergießen sich über mehrere Kaskaden 120 Meter tief ins Tal hinab. Ganz in der Nähe liegt Ben Nevis, mit 1345 Metern der höchste Berg Großbritanniens.

Glen Nevis

Großbritannien

Lake District

Großbritannien

Idyllische Wälder, schroffe Berggipfel, raue Hügel, eine unverwechselbare Flora und Fauna und natürlich spiegelglatte Seen: Das ausgedehnte Gebiet des Lake District National Park, von den Einheimischen meist kurz »The Lakes« genannt und UNESCO-Weltnaturerbe seit 2017, ist das Ergebnis mehrerer Eiszeiten.

Charnwood Forest

Großbritannien

Die Bezeichnung »Forest« führt beim Charnwood Forest in die Irre, denn große Teile des Hügellandes nördlich vom englischen Leicester sind schon lange entwaldet. Kahle Hügel wechseln sich in der vulkanischen Landschaft mit pittoresken Felsformationen und Heideland ab, in den Tälern verstecken sich Dörfer und Klöster.

Jurassic Coast

Großbritannien

Die Jurassic Coast, die vor unvorstellbar langer Zeit ein tropisches Meer war, ist eine wahre Schatzkiste der Erdgeschichte. Vor allem nach Stürmen ist hier alles zu finden, was das Herz des Fossilienfreundes höher schlagen lässt. Und bei ruhigem Wetter freut man sich an den Stränden und am Felsbogen Durdle Door.

Jurassic Coast

Großbritannien

Färöer

Dänemark

Zweimal Wasser, zwei Farben Grün: Unterhalb des kleinen Ortes Gásadalur auf der Färöerinsel Vágar stürzt sich das Wasser des Múlafossur aus mehr als 30 Meter Höhe direkt in den smaragdfarben schimmernden Atlantik. Im Hintergrund ist die markante Silhouette des höchsten Inselberges Árnafjall von Wolken verdeckt.

Die bis zu 128 Meter hohe Steilküste Møns Klint liegt im Osten der dänischen Insel Møn. Die Kreide, aus der die Felsen entstanden sind, wurde vor Millionen Jahren auf dem Meeresgrund gebildet. 500 Treppenstufen führen hinab zu einem schmalen Strand. Der Abstieg lohnt, denn von unten ist die Steilküste besonders eindrucksvoll.

Møn

Dänemark

Hallerbos

Belgien

Im Hallerbos erleben Besucher jedes Jahr Ende April, Anfang Mai ein kleines blaues Wunder: Kurz bevor der zartgrüne Maiwald seine Baumkronen schließt, verwandelt die Hasenglöckchenblüte den Waldboden in ein violettblaues Blütenmeer – der betörend duftende Zauber ist allerdings nur von kurzer Dauer.

Hallerbos

Belgien

Nationalpark Hoge Kempen

Belgien

Im Spätsommer färben Strauchheide, Feuchtheide und Rote Feuchtheide Hunderte Hektar des Nationalparks Hoge Kempen in allen Lila- und Rosatönen. Dazwischen liegen ausgedehnte Kiefernwälder und kleine Weiher, idealer Lebensraum für Heidevögel, Greifvögel, Amphibien und Schmetterlinge.

Ardennen
Belgien

Der größte Teil der Ardennen liegt in der Provinz Wallonien, von hier aus ziehen sie sich bis nach Frankreich im Norden und Luxemburg im Süden. Die hügelige Landschaft des Mittelgebirges ist geprägt durch Laub- und Tannenwälder und zahlreiche Flüsse. Hier windet sich die Semois bei Botassart um das »Grab des Riesen«.

Schleswig-Holsteinisches Wattenmeer

Deutschland

Das Wattenmeer ist eine erstaunliche Zwitterlandschaft. Was bei Flut eben noch Ozean war, ist bei Ebbe begehbarer Meeresboden. Und wo man gerade noch spazieren ging, kann man wenige Stunden später schwimmen. Der Mensch muss hier aufpassen, doch Seehunde, Robben und Vögel fühlen sich im Wattenmeer wohl.

Nationalpark Jasmund

Deutschland

Nur 30 Quadratkilometer ist der Nationalpark Jasmund auf Rügen groß, doch er beherbergt eine der bekanntesten Naturattraktionen Deutschlands: die Steilküste mit den Kreidefelsen. Ihr Anblick überwältigte den romantischen Maler Caspar David Friedrich so sehr, dass er ihn mit einem seiner berühmtesten Werke verewigte.

Naturpark Lüneburger Heide

Deutschland

Südlich von Hamburg liegt der erste Naturpark, der in Deutschland gegründet wurde, der Naturpark Lüneburger Heide. Im Sommer überziehen die violetten Blütenteppiche des Heidekrauts die leicht wellige Landschaft, die sich auf Sandwegen bequem zu Fuß oder mit dem Rad erkunden lässt.

Nationalpark Harz

Deutschland

Fast zehn Prozent des Harzes nimmt der Nationalpark rund um den höchsten Berg, den 1141 Meter hohen Brocken, ein. Der Obere und der Untere Bodefall sind lohnende Ziele für eine Familienwanderung von Braunlage aus. Über zahlreiche Granitblöcke springt die Warme Bode hier als wilder Gebirgsbach talabwärts.

Sächsische Schweiz
Deutschland

100 Millionen Jahre, mehrere Flüsse, Wind und Regen formten aus einem Sandsteinplateau eine bizarre Welt aus Felsnadeln und Steinspitzen, Schluchten, Graten und Tafelbergen. Eine herrliche Aussicht auf diesen überwältigenden Skulpturenpark der Natur genießt man aus 434 Metern Höhe vom Pfaffenstein.

Eifel

Deutschland

Man kommt sich manchmal ziemlich klein vor, wenn man in den engen Schluchten des Ferschweiler Plateaus umherwandert. Am Ende der letzten Eiszeit entstand hier eine bizarre Landschaft mit Felstürmen, Steinblöcken und tiefen Felsspalten, darunter ein 28 Meter tiefer Riss, der heute Teufelsschlucht genannt wird.

Nationalpark Bayerischer Wald

Deutschland

Auge in Auge mit einem Luchs? Das wird so schnell nicht passieren, denn der Jäger ist nachtaktiv und gilt als ausgesprochen menschenscheu. Lange Zeit war sein Überleben gefährdet, er galt als beinahe ausgerottet. Doch seit den 1970er-Jahren leben im Bayerischen Wald wieder Luchse, heute sind es etwa 80 Tiere.

Allgäuer Alpen
Deutschland

Am Nordrand der Allgäuer Alpen bis hinein ins österreichische Voralberg erstreckt sich der Naturpark Nagelfluhkette. Die extremen Höhenunterschiede, mit einem Nebeneinander von Mooren, Flüssen, Seen, Alpen, Wiesen, Weiden und Wäldern, bieten Lebensraum für zahllose Tiere und Pflanzen.

Wettersteingebirge

Deutschland

Hoch über Garmisch-Partenkirchen und Mittenwald ganz im Süden Bayerns türmt sich das Wetterstein-gebirge auf. Der smaragdgrün glitzernde Eibsee liegt still am Fuße der Zugspitze, des höchsten Gipfels Deutschlands. Der See ist zwar in Privatbesitz, ist aber für die Öffentlichkeit zugänglich.

Berchtesgadener Land

Deutschland

Das Berchtesgadener Land ist eine Landschaft wie aus dem Bilderbuch: schroffe Berge mit kühler, klarer Luft, liebliche Täler mit einsamen Waldgebieten und stille, glasklare Seen. Zu den beliebtesten Zielen der Region zählt der Hintersee bei Ramsau, seit jeher ein beliebtes Motiv für Maler und Fotografen.

Dachsteinmassiv

Österreich

Eines der romantischsten Postkartenmotive der Ostalpen bildet der Gosausee mit dem mächtigen Dachstein und dem Dachsteinkamm. Im Inneren des Bergmassivs schlummert ein weiterer Schatz: die Dachstein-Rieseneishöhle, eine grandiose Welt voller Wasserfälle und Eiskathedralen inmitten von 13 000 Kubikmetern Eis.

Nationalpark Hohe Tauern

Österreich

Wer in den größten Nationalpark Österreichs kommt, will die großartige Hochgebirgslandschaft zu Fuß erleben. Hier locken mehr als 300 Gipfel und 4.300 Kilometer ausgewiesene Wege jeder Länge und mit jedem Schwierigkeitsgrad zum Wandern und Bergsteigen. Ein beliebtes Ziel st die Jamnigalm im Tauerntal.

Alpenregion Jungfrau-Aletsch

Schweiz

Mit archaischer Schönheit winden sich die gewaltigen Eismassen des Großen Aletschgletschers wie eine riesige Straße 23 Kilometer lang durch die Jungfrau-Region im Kanton Wallis. Das Gebirge rund um den längsten und größten Gletscher der Alpen präsentiert sich mit seinen mächtigen 4000er-Gipfeln gewaltig und unnahbar..

Appenzeller Alpen
Schweiz

Die steilen Appenzeller Alpen ziehen viele Kletterer an. Besonders schroff ragen die Chrüzberg in die Höhe, auch Kreuzberge genannt. Sie bieten erfahrenen Kletterern über 100 Routen, unter anderem einer der schwierigsten Routen des gesamten Alpsteinmassivs, die respektvoll »Graue Eminenz« genannt wird.

Schweizer Jura

Schweiz

Schroffe Kalksteinschluchten, endlose Fichtenwälder und hermetische Hochtäler, aus denen es fast kein Entkommen gibt: Solche Landschaften machen die Schönheit des Schweizer Jura aus. In seinem natürlichen Amphitheater werden die Menschen ganz klein, und die Schöpfung zeigt sich unermesslich groß.

Schweizer Jura

Schweiz

Mer d’Iroise

Frankreich

Oft peitschen die Wellen des Atlantiks mit einer solchen Wucht gegen das westliche Ende der Bretagne, als wollten sie die Felsen kurz und klein schlagen, alles Land verschlingen und mit sich in die Tiefen des Ozeans ziehen. Es ist ein grandioses Schauspiel, wie das Meer hier in Rage gerät und seine Gischt meterhoch schleudert.

Finistère

Frankreich

Das »Ende der Welt« – so sieht es aus im bretonischen Département Finistère. Hier präsentiert sich die Bretagne wie aus dem Bilderbuch. Der Atlantik bricht sich an der wild zerklüfteten Felsenküste, Leuchttürme stehen auf umbrandeten Riffen ... Hier endet die von Menschen bewohnte Welt, und der wilde weite Ozean beginnt.

Auvergne

Frankreich

Die Auvergne rund um das französische Zentralmassiv ist vor allem für ihre Vulkane bekannt. Dennoch finden sich auch einige ursprüngliche und wie verzaubert wirkende Waldabschnitte. Fast erwartet man, dass hinter dem nächsten Baum oder über die mit Moos überzogenen Steine ein Fabelwesen aus dem Tiefgrün hervorlugt.

Provence

Frankreich

Duftende Lavendelfelder prägen im Sommer weite Teile der Provence. Auf dem Plateau de Valensole erstrecken sich die violettblauen Felder des Echten Lavendels und des Lavandin im Juli und August in schier endlose Weiten. Mehr als 120 Destillerien verarbeiten einen Teil der Blüten zu aromatischem Lavendelöl.

Mont Blanc

Frankreich

»Ein Felsenthron im Wolkenkleid«: So nannte der Dichter Lord Byron voller Ehrfurcht den Mont Blanc, den mit 4810 Metern höchsten Gipfel der Alpen. Der Granitgigant im französisch-italienischen Grenzgebiet beherrscht das Panorama in den Westalpen. Wer ihn mit eigenen Augen sieht, wird wohl ähnlich fühlen wie Lord Byron.

Mont Blanc

Frankreich

Costa de Cantabria

Spanien

Fast schon urzeitlich mutet dieser Küstenabschnitt an der Costa de Cantabria in Nordspanien an. Die starke Brandung hat der Steilküste im Laufe der Jahrhunderte stark zugesetzt, viele der Klippenformationen wurden abgetragen. Doch auch mehr als 90 traumhafte Badestrände sind in der Region zu finden.

Faszinierte Besucher wähnen sich im Ordesa-Nationalpark mit seinen strahlend weißen Berggipfeln und kräftigen Wasserfällen in den Tälern zwischen Himmel und Hölle. Die hier typischen Schluchten und Felsabstürze, so tief wie Höllenschlunde, erinnern manchmal eher an eine Kunstschöpfung als an raue Wildnis.

Nationalpark Ordesa y Monte Perdido

Spanien

Biosphärenreservat Bardenas Reales

Spanien

Kein Wasser, kaum Vegetation, eine Welt der Unwirtlichkeit und trotzdem von traumhafter Schönheit: Die Bardenas Reales in Navarra halten viele für die großartigste Erosionslandschaft ganz Spaniens. Kalkstein, Sand und ockerfarbener Lehm aus einem urzeitlichen Meer haben bizarre Formen wie das Castil de Tierra ausgebildet.

Golden geht die Sonne hinter dem Cap de Formentor auf. Das Kap der gleichnamigen Halbinsel im äußersten Norden Mallorcas erreicht man von Port de Pollença aus über eine schmale Serpentinenstraße – wer hier am Steuer sitzt, sollte schwindelfrei sein. Doch der fantastische Ausblick am Cap lohnt die Mühen der Anfahrt.

Mallorca: Cap de Formentor

Spanien

Teneriffa: Pico del Teide

Spanien

Der höchste Berg Spaniens, der dritthöchste Inselvulkan der Erde und ein Steinkoloss, so entrückt und ganz für sich, als sei er nicht von dieser Welt: Das ist der 3719 Meter hohe Vulkan Teide auf Teneriffa. Alexander von Humboldt beschrieb ihn, ganz fasziniert, auch als »harmonisches Gemälde« aus Stein, Himmel und Grün.

La Gomera: Nationalpark Garajonay

Spanien

»Lieblicher Säuselwind«: So nannte Homer den Passat, der La Gomera verschwenderisch mit Feuchtigkeit versorgt. Deswegen konnten sich im Hochland der Insel die fantastischen Lorbeerwälder bilden. Von den Gipfeln aus reicht der Blick weit über das Meer – wenn man Glück hat kann man sogar weitere Inseln erspähen.

Naturpark Costa Vicentina

Portugal

Die Küste im Naturschutzgebiet Costa Vicentina im Norden der Algarve gehört zu den schönsten Landstrichen Portugals. Kleine Buchten wechseln ab mit ausgedehnten Stränden. Besonders windgeschützt liegt die Praia dos Alteirinhos mit ihrem weichen, goldfarbenen Sand und ihrem kristallklaren, kühlen Wasser.

Dramatische Stimmung an der Algarveküste: An der Ponta da Piedade mit ihren bizarren Felsbögen und Steinformationen, die an urzeitliche Wesen erinnern, sind feiner Sand und Badestrände Mangelware. Dafür reizt die wilde Natur, die man wunderbar vom Wasser aus mit Boot oder Kajak erkunden kann.

Algarveküste

Portugal

Azoren

Portugal

Corvo ist die kleinste Insel der Azoren. Gut 400 Einwohner leben im einzigen Ort Vila do Corvo, der am Fuße des Vulkankraters auf einem erkalteten Lavastrom liegt. Der Caldeirao mit seinem Vulkansee und den kleineren Vulkankegeln in seinem Krater und an seinen Hängen ist die unbestrittene Touristenattraktion des Inselchens.

Madeira gehört zwar zu Portugal, liegt aber näher an Afrika: Nach Lissabon sind es rund 950 Kilometer, die afrikanische Küste ist nur 740 Kilometer entfernt. Wer deswegen trocken-heißes Klima erwartet, wird überrascht: Die Berge und feuchte Winde sorgen für genug Regen, Madeira, die »Insel des ewigen Frühlings«, ist grün.

Madeira

Portugal

Dolomiten: Nationalpark Puez-Geisler

Italien

Nur für wenige Momente bieten sich die filigranen Geislerspitzen den Blicken der Reisenden auf der Brennerautobahn dar. Ganz kurz, aber doch lang genug, um Neugier auf diesen Teil der Dolomiten zu wecken. Der Sass Rigais gilt mit einer Höhe von über 3000 Metern als der Hauptgipfel im Nationalpark Puez-Geisler.

Dolomiten: Naturpark Fanes-Sennes-Prags

Italien

Wenn die Dolomiten in den letzten Sonnenstrahlen des Tages zu leuchten beginnen, wie hier mit Blick auf den Piz dles Conturines, meint man, es sei in ihrem Inneren ein Feuer entfacht worden. Kein Wunder, dass in dieser grandiosen Landschaft das Nationalepos der Ladiner vom mythischen Reich der Fanes angesiedelt ist.

Dolomiten: Naturpark Drei Zinnen

Italien

Die Drei Zinnen, das Wahrzeichen Südtirols, werden oft umgeben von lieblichen Almwiesen fotografiert. Dass die drei Gipfel auch eine raue Seite haben, zeigt sich, wenn man das Dreigestirn von oben ablichtet: schroffe Zacken und spitze Felsnadeln sind hier zu sehen, die je nach Sonnenstand und Wetter ihre Farben ändern.

Dolomiten: Naturpark Drei Zinnen

Italien

Langkofelgruppe

Italien

Mächtig ragen die Gipfel der Langkofelgruppe und des Sellamassivs in den Himmel über Ladinien. Sie sind die Wahrzeichen des Grödnertals. Mit 3181 Metern ist der Langkofel zugleich der höchste Gipfel des Gebiets. Das sanfte Grün des Val Gardena, wie das Grödnertal auf italienisch heißt, kontrastiert malerisch mit den Felsen.

Toskana: Val d'Orcia

Italien

Viel näher als im Val d'Orcia kann man dem Idealbild einer toskanischen Landschaft mit ihren sanften Hügeln nicht kommen. Diese Perfektion ist kein Zufall: In der Renaissance ließen die Herrscher von Siena das Tal so kunstvoll modellieren, und Künstler entdeckten hier Motive als Symbol für die Harmonie von Mensch und Natur.

Sizilien: Ätna

Italien

Die Nordseite des Ätna zeigt sich kurz vor der Dämmerung noch sonnenbeschienen, doch schon scheint sich eine riesige graue Regenwolke über das Vulkangebiet zu stülpen. Wenn das Grau des Himmels nicht den Launen des Ätna zu verdanken ist, wagen es viele Besucher und besteigen den Vulkan – meist von Süden her.

Sizilien: Ätna

Italien

Nationalpark Tatrzański/Hohe Tatra

Polen, Slowakei

Erst nach dem Zweiten Weltkrieg wurde diese schöne Bergregion zum Nationalpark erklärt. Sie zählt bis heute zu den größten Schutzgebieten Polens. Graue Felsen im rosaroten Licht, in den Tälern klare Bergseen: Solche überwältigenden Panoramen wie vom Gipfel Koprowy sind die Regel im ältesten Nationalpark der Slowakei.

Keinem Geringeren als Julius Cäsar haben die Julischen Alpen, der südöstliche Ausläufer der Alpenkette, ihren Namen zu verdanken. Sie tragen ihn mit der Würde, die eines Imperators angemessen ist – die Kämpfe des Ersten Weltkriegs haben die Berge unberührt gelassen, und heute herrscht hier zum Glück die Stille des Friedens

Julische Alpen

Slowenien

Nationalpark Plitvicer Seen

Kroatien

Kein barocker Gartenarchitekt hätte für seinen Sonnenkönig ein prachtvolleres Kaskadenkunstwerk aus Wasser und Stein schaffen können – die Plitvicer Seen sind in ihrer Raffinesse unübertrefflich. Deswegen wurde dieses einmalige Seenensemble 1979 zu einem der ersten UNESCO-Weltnaturerbe überhaupt ernannt.

Nationalpark Plitvicer Seen

Kroatien

Dalmatinische Küste: Nationalpark Kornati

Kroatien

Knapp 150 Eilande und Riffe macht die größte Inselgruppe der kroatischen Adria aus, ein ideales Ziel für Bootstouristen. So karg die Kornaten selbst mit ihren wenigen Büschen und Olivenhainen sind, so reich ist das Leben unter Wasser. Hier tummeln sich nicht nur Oktopusse, sondern auch Krebse, Muränen und Seesterne.

Dalmatinische Küste: Naturpark Lastovo

Kroatien

Nur neun mal sechs Kilometer groß ist die Insel Lastovo, die in einer vierstündigen Bootsfahrt vom Festland aus zu erreichen ist. Ihre Unterwassserwelt hat Tauchern einiges zu bieten, neben versteckten Höhlen und Passagen vor allem eine reiche Fauna und Flora – hier ein Schwarm von Fahnenbarschen.

Nationalpark Hortobágyi

Ungarn

Die Puszta von Hortobágy reiht Titel und Auszeichnungen aneinander: größtes mitteleuropäische Steppengebiet, UNESCO-Biosphärenreservat, und seit 2011 auch Lichtschutzgebiet. Im Schutz der Dämmerung jagt hier der Rallenreiher, im dichten Gebüsch oder im Schilf findet er Fische, Frösche und Insekten.

Biosphärenreservat Donaudelta

Rumänien

Das Donaudelta ist mehr als doppelt so groß wie das Saarland. Hier leben 5200 Tier- und Pflanzenarten in verschiedenen Ökosystemen, die nur zu einem Fünftel aus Land und zu vier Fünfteln aus Wasser und Schilf bestehen ... Zahlen, die verblassen, wenn man Wunder des Deltas wie die Pelikane leibhaftig erleben kann.

Nationalpark Pindos

Griechenland

In diesem griechischen Hochgebirge, auf über 2000 Meter Höhe, fanden Wissenschaftler den ältesten Baum Europas: eine Panzerkiefer. Was dieser schon alles erlebt hat, kann man sich kaum vorstellen, seit dem Jahr 941 steht er schon an diesem Ort. Aber auch karge Landstriche findet man in dem Nationalpark.

Meteóra

Griechenland

Erst kamen Eremiten, dann Mönche nach Meteóra und bauten auf den hohen Sandsteinfelsen 24 Klöster, die in der Luft zu schweben scheinen. Heute sind von ihnen nur noch sechs bewohnt, darunter das Rousánou-Kloster. Neben Touristen haben mittlerweile auch Sportkletterer und Filmleute die Felsen für sich entdeckt.

Kykladen

Griechenland

Karge, braune Felsen, nur bewachsen von dürrer, stachliger Macchia und ein paar Olivenbäumen ... Und dann die blendend weißen Dörfer in der hellen Sommersonne, der strahlend blaue Himmel, das Meer ruhig »wie Öl« – das sind die Kykladen, für Mittelmeer-Liebhaber die griechischen Inseln schlechthin.

Skopelos, die zweitgrößte der Nördlichen Sporaden, ist noch immer ein Geheimtipp. Olivenhaine und Mandelbäume vor türkisblauem Meer und weißen Stränden, dazu – eine Seltenheit auf den Inseln – weite schattige Wälder aus Pinien und Aleppokiefern ... ein Inseltraum für alle, die das authentische Griechenland suchen.

Sporaden

Griechenland

Afrika

Afrika ist ein Kontinent der 1000 Farben, eine Welt, in der die Natur ihrer Fantasie so freien Lauf gelassen hat, dass der Mensch nur noch staunen kann. Wer jemals das Farbenspiel der Sahara gesehen hat, dieses berauschende Changieren zwischen Gelb, Rot und Orange, wird sich immer nach der Wüste sehnen.

Sahara: Nationalpark Tassili N’Ajjer

Algerien

Einsamkeit pur strahlt die Tassili-Wüste in Algerien aus. Die Erosion schuf hier Hunderte von Steinbögen und einen Wald von Stelen aus Sandstein. Doch vor Jahrtausenden haben hier Menschen ihre Spuren in Form von Keramikresten, Wand- und Höhlenmalereien hinterlassen – die Wüste muss einst weniger leer gewesen sein.

Sie sehen fast aus wie Schnee – doch die Kalksteinskulpturen der Weißen Wüste sind viel fragiler als Eis. Vor Jahrmillionen bedeckte ein Ozean die Weiße Wüste, der organisches Material ablagerte. Es verdichtete sich zu Kalkstein, der nach der Trockenlegung der Wüste vom Wind zu fantasievollen Steinwesen modelliert wurde.

Weisse Wüste

Ägypten

Rotes Meer

Ägypten

Das Rote Meer ist eine Welt voller Mantarochen, Meeresschildkröten und Riesenkraken, Kaiserfische, Kugelfische, Doktorfische. Grimmige Muränen schlängeln sich durchs Wasser neben lebenslustigen Delfinen, leuchtenden Papageifischen und schwerfälligen Seekühen – und die Sicht ist so klar wie in einem Gebirgsbach.

Nationalpark Ras-Mohammad

Ägypten

Vor einer Generation war Sharm el-Sheikh noch ein unbedeutendes Fischerdorf, heute hat sich der Ort nahe der Südspitze des Sinai zu einem Treffpunkt für Bade- und Tauchurlauber gemausert. Warum? Das erschließt sich schon bei einer Schnorchelrunde in Ufernähe: Das marine Leben ist das artenreichste von ganz Sinai.

Sudd

Südsudan

An einem südlichen Flußarm des Nils liegt das Überschwemmungs- und Sumpfgebiet Sudd, ein Labyrinth aus Wasserarmen, schwimmenden Inseln und undurchdringlicher Vegetation aus Papyrus und Wasserhyazinthen. Hier leben neben Schuhschnabeln auch Kraniche, Sattelstörche und Rötelpelikane.

Das durch Vulkanismus vor 40 Millionen Jahren entstandene und dann durch Erosionen geformte Simien-Massiv ist eine der eindrucksvollsten Landschaften der Welt. Gipfelhöhen um die 4500 Meter, Basaltschluchten mit reißenden Flüssen, zerklüftete Felsen und 1500 Meter tiefe Abgründe prägen das Bild des Nationalparks.

Nationalpark Simien

Äthiopien

Danakil-Wüste

Somalia

So fesselnd der Anblick der Salzformationen von Danakil ist, so leicht bezahlt man ihn mit seinem Leben. Denn die Salzbecken sind oft nur von einer dünnen Mineralienschicht bedeckt – wer in die Salztümpel einbricht, verschwindet spurlos. Die hier lebenden Nomaden nennen die Danakil-Wüste daher auch »Ort ohne Wiederkehr«.

Danakil-Wüste

Somalia

Nimba-Berge

Guinea

Das 1752 Meter hohe Massiv der Monts Nimba an der Grenze von Elfenbeinküste und Guinea ist der markante Mittelpunkt eines großen Schutzgebietes. Zu den über 200 Tierarten, die hier leben, gehören auch Mandrille, pavianartige Affen mit langer Schnauze, die durch ihre rot-blau gefärbten Partien im Gesicht auffallen.

Nationalpark Sapo

Liberia

Der Sapo-Nationalpark ist Teil eines großen Regenwaldkomplexes und damit einer der wenigen intakten Regenwaldflächen in Westafrika. Das Ökosystem ist eines der artenreichsten der Erde, hier leben die vom Aussterben bedrohten Schimpansen, Zwergflusspferde, Leoparden, Waldelefanten – und Scharen von Graupapageien.

Nationalpark Nouabalé-Ndoki

Republik Kongo

Die Menschlichkeit der Menschenaffen ist der verblüffendste Eindruck, wenn man ihnen in freier Wildbahn begegnet. Mit ein wenig Glück begegnet man den mächtigen Gorillas im Nouabalé-Ndoki-Nationalpark im Norden des Kongos. Denn dieses Schutzgebiet gilt als die Region mit der höchsten Dichte an Wildtieren in ganz Afrika.

Volcanoes National Park

Ruanda

Inmitten einer Welt aus Grüntönen lebt dieser Berggorilla. Seine Art ist vom Aussterben bedroht und ist weltweit nur noch in zwei kleinen Gebieten anzutreffen: Im Bwindi-Regenwald im Südwesten Ugandas und um die Virunga-Vulkane. Letztere gaben dem 13 000 Hektar großen Nationalpark auch seinen Namen.

Nationalpark Ruwenzori

Uganda

Das Ruwenzori-Massiv ist ein Gebirge der extremen Kontraste, die vom ewigen Eis auf der Gipfelkrone über rauschende Wasserfälle bis zum wild wuchernden Regenwald reichen. »Regenmacher« oder auch »Wolkenkönig« heißt Ruwenzori in der Sprache der Batoro, die am Fuß des gewaltigen Gebirges leben.

Queen-Elizabeth-Nationalpark

Uganda

Wachsam und versteckt zwischen Sukkulentenblättern lauert eine Löwin im Queen-Elizabeth-Nationalpark auf Beute. Obwohl die grazilen Raubkatzen gewöhnlich eher »bodenständig« sind, ist der Park für seine baumkletternden Löwen bekannt – für Wissenschaftler ist das Verhalten der Tiere ein Rätsel.

Mount Kenya

Kenia

Schnee am Äquator! Gletscher in den Tropen! Was für eine bizarre Vorstellung! Doch genau so ist es: 15 Kilometer südlich des Äquators erhebt sich ein gewaltiges Massiv, dessen höchster Punkt 5199 Meter hoch aufragt und vollständig vergletschert ist – der Mount Kenya, der zweithöchste Punkt Afrikas nach dem Kilimandscharo.

Masai Mara

Kenia

»Mara«, das bedeutet »gepunktet« in der Sprache der hier lebenden Massai. Und tatsächlich sieht die Savanne aus, als hätte jemand Tupfer hineingesetzt – einzeln stehende Bäume, meist Schirmakazien, ragen aus der Savanne auf, ein gefundenes Fressen für die Giraffen, die mit ihren langen Hälsen bis an die Baumkronen reichen.

Serengeti

Tansania

Unter dem Abendhimmel der Serengeti scheint ein Gepard in der Savanne den Sonnenuntergang zu genießen. Der 15 000 Quadratkilometer große Serengeti-Nationalpark zählt zum UNESO-Weltnaturerbe, seine flache Savannenlandschaft ist ein wichtiger Lebensraum für die schnellsten Landsäugetiere der Erde.

Serengeti

Tansania

Natronsee

Tansania

Wie gepflastert mit feuerroten Platten: So sieht die Oberfläche des Natronsees während der Trockenzeit aus. Der See hat einen hohen Gehalt an Natriumcarbonat, das aus dem südlich gelegenen Vulkan Ol Doinyo Lengai stammt. Die Farbe des Sees entsteht allerdings nicht durch die Salze, sondern durch Mikroorganismen.

Fest verwurzelt in der Savanne wirkt dieser Affenbrotbaum dank seines dicken Stamms. Ein Durchmesser von mehreren Metern ist bei den auch Baobab genannten Bäumen keine Seltenheit, ein Alter von mehreren Hundert Jahren durchaus möglich. Neben dem mächtigen Baum wirken selbst die großen Giraffen zierlich.

Ngorongoro-Krater

Tansania

Kilimandscharo

Tansania

Keinen anderen Berg Afrikas umgibt eine solch mythische Aura wie den 5895 Meter hohen Kilimandscharo, Tausende versuchen jedes Jahr, ihn zu besteigen. Auf den letzten 1200 Höhenmetern allerdings sinkt man bis zum Knöchel in Lavastaub – fast so, als wehre sich der Kilimandscharo gegen den vielen Besuch.

Victoriafälle

Sambia, Simbabwe

Der spektakulärste Wasserfall ganz Afrikas: Mehr als 100 Meter tief und über 1700 Meter breit stürzt sich der Sambesi an den Victoriafällen mit großem Getöse in die Tiefe. Sein Sprühnebel steigt bis zu 300 Meter hoch auf und spendet dabei dem umliegenden Regenwald Feuchtigkeit ... und den Besuchern Erfrischung.

Okavangodelta

Botsuana

Es ist eines der unglaublichsten Naturschauspiele der Erde, wenn der Okavango mit der beginnenden Regenzeit immer weiter anschwillt, wie bei der Sintflut über die Ufer tritt und binnen weniger Wochen ein 20000 Quadratkilometer großes Gebiet unter Wasser setzt. So entsteht wie aus dem Nichts ein gewaltiges Binnendelta.

Makgadikgadi Pans National Park

Botsuana

Der größte See, den es je in Afrika gegeben hat, bedeckte einst den Nordwesten Botsuanas. Dann brannte die Sonne gnadenlos das Wasser weg, und übrig blieben nur noch die größten Salzpfannen des Planeten. Diese bilden eine so bizarre, so lebensfeindliche Landschaft, dass dieses Gebiet niemals von Menschen besiedelt war.

Kalahari

Botsuana

Es ist fast unmöglich, sich eine Vorstellung von den gigantischen Dimensionen dieser 1,2 Millionen Quadratkilometer großen Kalahari zu machen, die sich von Südafrika über Namibia und Botsuana bis nach Sambia und Angola erstreckt. Hier regnet es fast nie – und trotzdem haben sich Pflanzen an diese Welt angepasst.

»Peace Parks« nennt man die grenzüberschreitenden Nationalparks, die keinen nationalstaatlichen Interessen gehorchen, sondern allein dem übergeordneten Wohl der Natur dienen. Im Kgalagadi Park, fast so groß wie die Schweiz, können Menschen ebenso wie Löwen und Antilopen ohne Kontrollen die Grenze überqueren.

Kgalagadi Transfrontier Park

Botsuana/Südafrika

Etosha National Park

Namibia

Hier, im Etosha-Nationalpark, kommen zahlreiche Wildtiere zusammen, so treffen sich dann auch die unterschiedlichsten Arten wie Zebras und der Vogel Strauß.

Der Afrikanische Strauß gehört zu den Laufvögeln, kann also nicht fliegen. Aber selbst »zu Fuß« kann dieser Vogel große Geschwindigkeiten erreichen.

Etosha National Park

Namibia

Epupa Falls

Namibia

Im Vergleich zu den Victoriafällen sehen die Epupafälle mit einer Höhe von 40 Metern eher bescheiden aus. Im ariden Landschaftsbild Nordwestnamibias aber ist der in verzweigten Armen über Felsstufen fallende Fluss etwas Besonderes. Hier zeigt sich anschaulich, wie Wasser die sonst so trockene Erde ergrünen lässt.

Cape Cross

Namibia

Und jetzt alle bitte recht freundlich! Besonders viel Lust auf das Gruppenfoto scheinen die Robben vom Robbenreservat Cape Cross zwar nicht zu haben, aber zumindest ein paar bemühen sich redlich. Der Rest ist anderweitig beschäftigt, denn zwischen September und Dezember ist die Paarungszeit der Ohrenrobben.

Namib-Naukluft National Park

Namibia

Nichts als Sand seit 80 Millionen Jahren: Die Namib im Norden Namibias und Süden Angolas ist die älteste Wüste der Erde, eine 95 000 Quadratkilometer große Ödnis aus lauter grausamer Einsamkeit. Dennoch trotzen Tiere der Unwirtlichkeit der Namib, in der jahrzehntelang kein Tropfen Regen fallen kann.

Oryxantilopen sind das Wappentier Namibias und für ihre Anpassungsfähigkeit bekannt. So können sie selbst lange Dürreperioden überleben, etwa in der lebensfeindlichen Welt des Deadvlei, wo die Bäume längst den Kampf aufgegeben haben. Hier befindet sich mit 350 Meter Höhe eine der höchsten Sanddünen der Welt.

Deadvlei

Namibia

NamibRand Nature Reserve

Namibia

Die Welt am fünften Schöpfungstag – so ähnlich muss die Erde ausgesehen haben, bevor Menschen sie sich untertan machten. Das private Naturschutzgebiet zählt zu den faszinierendsten Landschaften des Landes. Und seit die Besitzer Tausende Tiere ausgewildert haben, ist auch Namibias Fauna wieder nahezu komplett vertreten.

Namibrand Nature Reserve

Namibia

Keetmanshoop

Namibia

Bäume wie expressionistische Skulpturen: Die Köcherbäume bei Keetmanshoop, einer wüstenhaften Bergregion im Süden von Namibia, wirken so, als habe sich die Natur hier als Künstler versuchen wollen. Die Köcherbäume, eine Aloen-Art, stehen gewöhnlich vereinzelt, deswegen ist der Köcherbaumwald eine Attraktion.

Augrabies Falls National Park

Südafrika

Der Kontrast zwischen der ariden Umgebung und den Wassermassen des Oranje-Flusses ist faszinierend. Zum Augrabies Falls National Park gehört neben den namensgebenden Wasserfällen ein 900 Quadratkilometer großes Gebiet. Vom Arrow Point aus bietet sich nicht nur bei Sonnenuntergang ein spektakulärer Blick.

West Coast National Park
Südafrika

Auch wenn Strauße nicht fliegen können – hier darf ein Exemplar die Vogelwelt des West Coast National Park vertreten. Etwa 250 verschiedene Vogelarten leben in dem Schutzgebiet, darunter viele Zugvögel, aber auch Reiher, Austernfischer, Flamingos, Brillenpinguine, Kormorane und Kaltölpel sowie verschiedene Möwenarten.

Greyton Nature Reserve

Südafrika

Proteen wachsen in Südafrika nahezu überall, auch große Hitze oder ein Buschbrand überlebt die Pflanze. Die schönste und größte unter den Proteenarten, die Königsprotea, hat Südafrika sogar zur Nationalblume gewählt. Östlich von Kapstadt, im Greyton Nature Reserve kann man sich auf Suche nach ihnen begeben.

Blyde River Canyon

Südafrika

Die wunderbare Landschaft rund um die drittgrößte Schlucht der Erde fasziniert nicht nur wegen der vielfältigen Erosionsformen, sondern auch wegen der unterschiedlichen Vegetation, die vom tropischen Regenwald bis zur Trockensavanne reicht. Eine Panoramastraße am Canyon führt zu beeindruckenden Aussichtspunkten.

Ein ruhiges Plätzchen hat sich dieser junge Leopard ausgesucht. Doch aufmerksam blicken seine Augen umher – im Kruger Nationalpark besitzt er nämlich auch Feinde, bei Kämpfen mit Löwen und Hyänen wäre er unterlegen. Beutetiere verspeist er daher am liebsten in der Höhe, wo sie ihm kaum streitig gemacht werden.

Kruger National Park

Südafrika

Ukhahlamba-Drakensberg Park

Südafrika

Der Zulu-Name »Wall der erhobenen Speere« bringt den Eindruck, den das mächtige Gebirge im Osten KwaZulu-Natals erweckt, auf den Punkt. Seine Ostwände steigen nahezu senkrecht aus der Ebene auf, nach Westen umrahmt es das Hochland von Lesotho. Tausende von Felsbildern der San sind hier in Höhlen zu bewundern.

Giant's Castle Game Reserve

Südafrika

Giant's Castle ist ein Gipfel im KwaZulu-Natal, dessen Form der eines schlafenden Riesen gleicht. Im Herzen des Game Reserve befinden sich Sandsteinhöhlen mit ausdrucksstarken Felsmalereien der San. Die Drakensberge waren mindestens 2000 Jahre lang Lebensraum des Jäger- und Sammlervolks.

Masoala Peninsula National Park

Madagaskar

Im Nordosten Madagaskars liegt der Masoala Peninsula National Park, der flächenmäßig größte des Landes. Er zählt zusammen mit weiteren Schutzgebieten zum UNESCO-Weltnaturerbe. Hier, wie auch generell auf Madagaskar, wissen zahlreiche endemische Tier- und Pflanzenarten die Lebensbedingungen zu schätzen.

Auf Madagaskar entdecken Biologen noch immer neue, endemische Tierarten. Im dichten Regenwald mit seinen Baumfarnen und Orchideen zeigt sich hier das nach einem britischen Dichter und Reptilienforscher benannte O'Shaughnessy's Chamäleon. Männchen haben meist eine an Hörner erinnernde Schnauze.

Nationalpark Ranomafana

Madagaskar

Nationalpark Tsingy de Bemaraha

Madagaskar

Auch die Natur baut sich ihre Kathedralen. Ihre spektakulärste hat sie im Westen Madagaskars errichtet. Einst reichte das Meer bis hierher, und als es sich zurückzog, lag ein Korallenriff frei – Baumaterial für Wasser, Wind und Regen, die ein Kunstwerk aus Tausenden von nadelspitzen Kalksteintürmen (»Tsingy«) schufen.

Nationalpark Tsingy de Bemaraha

Madagaskar

Seychellen

Seychellen

Wie Sturzbäche aus Chlorophyll prasseln die Wälder von den Bergen zur Küste herunter, um dann kurz vor dem Wasser von Granitbrocken aufgehalten zu werden, die sich schützend um winzige, wundersam einsame Strände mit einem Sand so fein und golden wie Maismehl legen – Trauminseln im Indischen Ozean.

Seychellen: Aldabra-Atoll

Seychellen

Die Vegetation auf den Inseln des Aldabra-Atolls ist eher dürftig. Ein Glück für die Tiere, denn so interessierten sich Siedler nie für das karge Stückchen Land – es blieb ein einmaliges, intaktes Biotop für geschätzt mehr als 150 000 wild lebende Riesenlandschildkröten, Fregattvögel, Tölpel und viele andere Vögel.

Asien

So unermesslich groß ist Asien, dass selbst seine Einzelteile in ihrer gigantischen Ausdehnung unsere Vorstellungskraft übersteigen. Allein das, was wir als Fernen Osten bezeichnen, reicht von Indien bis Japan und von China bis Indonesien. Dieses Universum beherbergt auch den höchsten Gipfel der Erde.

Wrangelinsel

Russland

Walrosse tummeln sich dicht gedrängt auf einer Eisscholle vor der 7500 Quadratkilometer großen Wrangelinsel. Die Insel weit nördlich des Polarkreises war wegen ihres gebirgigen Charakters während der Eiszeit nie ganz vergletschert. Deshalb existieren hier viele Pflanzen- und Tierarten, die andernorts ausgestorben sind.

Altai

Russland

Der Russische Altai in Südsibirien ist Teil eines asiatischen Gebirgssystems. Die Pflanzenvielfalt ist enorm: Mehr als 2000 Gattungen wurden identifiziert, darunter allein 212 endemische Pflanzenarten. Manche der hier heimischen Tiere stehen in Russland auf der Roten Liste, wie etwa Steinadler, Kaiseradler und Schneeleopard.

Baikalsee

Russland

An der tiefsten Stelle des Baikalsees wurden 1637 Meter gemessen, die größte Tiefe aller Seen der Erde. Wegen seines großen Wasservolumens ist der See sehr kalt und im Winterhalbjahr komplett zugefroren. An seinem Ufer entspringen aus Erdspalten mineralische Quellen, um die herum sich Kurorte etabliert haben.

Baikalsee

Russland

Göreme-Nationalpark

Türkei

Vulkane waren die Baumeister, die hier, Im Hochland von Nevsçehir in Kappadokien, im Laufe von Jahrmillionen Tuffgestein aufschichteten, Wind und Wasser waren die Steinmetze. Nur die härteren Gesteinsschichten widerstanden der Erosion und bildeten die berühmten turmähnlichen Felsformationen – die Feenkamine.

Totes Meer
Israel

Das Tote Meer wird vom Jordan gespeist. Er transportiert Süßwasser in den See, das durch Verdunstung versalzt. In natürlichen Töpfen vor dem Toten Meer hat sich Wasser gesammelt. Es verdunstet bei starker Sonneneinstrahlung und hinterlässt eine dicke Salzkruste, deren Kristalle wie Edelsteine funkeln.

Wadi Rum

Jordanien

Das Wadi Rum ist bis zu einer Höhe von rund 1000 Metern über dem Meeresniveau mit Sand gefüllt, der je nach Sonnenstand in allen Rottönen schillert. Lawrence von Arabien nannte es »unermesslich, vom Echo widerhallend, göttlich« – seine landschaftliche Schönheit ist auch heute eine Reise wert.

Nicht einmal die Beduinen wagen es, der entsetzlichen Leere und Hitze zu trotzen. Sie bleiben mit ihren Herden ehrfürchtig am Rand der Rub al-Khali, weil sie wissen, dass ihr kein menschliches Wesen gewachsen ist – nicht der größten Sandwüste der Erde mit hohen Dünen voller Sandlöcher, die ganze Kamele verschlucken können.

Rub al-Khali

Saudi-Arabien

Sokotra-Archipel

Jemen

Wegen der reichen Vorkommen an Weihrauch, Myrrhe und Aloe war der Sokotra-Archipel schon zur Zeit der ägyptischen Pharaonen ein Ziel von Seefahrern. Er hat außergewöhnlich schöne Landschaften zu bieten, wie zum Beispiel die Flussmündung des Khor Sirhin mit dem dahinter liegenden Haggehergebirge.

Sokotra-Archipel

Jemen

Nationalpark Ala Archa

Kirgisistan

Steile Hänge und ewiges Eis locken Kletterfreunde aus aller Welt in die Berge des kirgisischen Alatau und den Nationalpark Ala Archa. Immer am Ak-Sai-Bach entlang geht es bis zum Fuß des Ak-Sai-Gletschers und von dort ins Gletschertal. Es ist extrem abgelegen und besticht durch seine raue Wildnis.

Tian Shan

Kirgisistan

Unter den »Himmlischen Bergen«, wie die Gebirgskette im Chinesischen genannt wird, schlummert der Reichtum Kirgisistans: Riesige Vorräte an Gold und Seltenen Erden liegen hier verborgen. Das Gebirge zählt zu den größten Gletschern Zentralasiens, die größte Gletscherfläche liegt dabei in Kirgisistan.

Tadschikischer Nationalpark

Tadschikistan

Karg, aber gleichzeitig sehr abwechslungsreich und wildromantisch zeigt sich die Natur im Tadschikischen Nationalpark. Im Osten besteht er aus Hochebenen, im Westen aus einer stark zerklüfteten Gebirgslandschaft mit Höhen von über 7000 Metern. Hier liegen einige der tiefsten Täler neben hohen vergletscherten Bergspitzen.

Wachankorridor

Afghanistan

Der Wachankorridor in Afghanistan an der Grenze zu Tadschikistan zählt zu den wohl einsamsten und am schwierigsten zu erreichenden Orten der Erde. Deswegen waren sie bis in die 1960er-Jahre hinein weitgehend unerforscht. Wakhi und Kirgisen, die Menschen, die hier leben, haben sich den harten Bedingungen angepasst.

Karakorum

Pakistan

Seinem Namen macht der Karakorum im Norden Kashmirs alle Ehre, »schwarzes Geröll« bedeutet er. Manchmal aber hellt er sich auf und erstrahlt in himmelblauen Farben. Wer einmal die K2-Trekking-Route von China nach Pakistan gegangen ist und diesen Blick genossen hat, meisterte eine der schwierigsten Wanderungen der Welt.

Karakorum

Pakistan

Nationalpark Sagarmatha

Nepal

Schroff und abweisend zeigt sich der Mount Everest, mit 8848 Metern der höchste Berg der Erde. Bestiegen wurde er trotzdem, und das seit Mitte der 1950er-Jahre bereits rund 8400 Mal. Mehr als 300 Bergsteiger fanden auf seinen Felshängen jedoch auch den Tod. Die Nepalesen nennen den Berg Sagarmatha, »Himmelskönig«.

Nationalpark Sagarmatha

Nepal

Nationalpark Keoladeo

Indien

Im 19. Jahrhundert vergrößerten die Mahradschas von Bharatpur ein Feuchtgebiet, um mehr Erfolg bei der Entenjagd zu haben. Heute werden an dieser Stelle Vögel geschützt: Rund 120 Vogelarten haben hier ihre Heimat, darunter die weltweit größte Population von Reihern, und im Winter lassen sich Hunderte Zugvogelarten nieder.

Nationalpark Ranthambore

Indien

Dschungelrodungen und die allgemeine Ausbreitung des Menschen haben die natürlichen Lebensräume des Bengal- oder Königstigers – des Nationaltiers von Indien und Bangladesch – minimiert, weshalb er auf geschützte Gebiete angewiesen ist. Der Bestand wird auf knapp 4000 Exemplare in freier Wildbahn geschätzt.

Westghats

Indien

Parallel zur Westküste Indiens erstreckt sich ein rund 1600 Kilometer langes Gebirge: die Westghats. Zur Monsunzeit zwischen Juni und September fallen hier bis zu 6000 Millimeter Niederschläge. Auf der den Monsunwinden zugekehrten Seite profitieren immer- oder sommergrüne Regenwälder von dem feucht-warmen Klima.

Nationalpark Kaziranga

Indien

Eines der letzten noch unberührten Gebiete im Herzen Assams ist Lebensraum für die weltweit größte Population der bedrohten Panzernashörner. Auch viele weitere Tiere genießen den Schutz des rund 430 Quadratkilometer großen Parks, darunter Elefanten, Tiger, Gibbons und Wildschweine, seltene Vögel, Kragen- und Lippenbären.

Zentrales Hochland von Sri Lanka

Sri Lanka

Der auffällige Haarschopf führte zum Namen des Ceylon-Hutaffen, der nur auf Sri Lanka heimisch ist. Rund 50 Zentimeter wird er groß, sodass man die Augen gut offen halten muss, um den tagaktiven Gesellen zu entdecken. Das Hochland von Sri Lanka bietet noch zahlreichen weiteren endemischen Arten ein Zuhause.

Schier bis in den Himmel ragen die Baum-Giganten im Nationalpark Sinharaja, unter ihrem immergrünen Dach fühlen sich einc Vielzahl an Pflanzen und Tieren wohl. Das Gebiet ist für seine Biodiversität bekannt und gehört bereits seit 1988 zum UNESCO-Weltnaturerbe. Auch Sägerückenagamen fühlen sich hier wohl.

Nationalpark Sinharaja

Sri Lanka

Mongolische Steppe

Mongolei

Die Mongolei strahlt Leere und eine kaum fassbare Ruhe aus – noch dazu wenn sie sich derart anmutig präsentiert: Feiner grüner Flaum in vielen Schattierungen legt sich über die sanften Hügel der Steppe, Bäume tauchen ebenso wenig auf wie landwirtschaftlich genutzte Felder. Einzig Gräser und Kräuter gehören zur Vegetation.

Mongolische Steppe

Mongolei

Orchon-Tal

Mongolei

Gut 300 Kilometer südwestlich von Ulan Bator liegt das Orchon-Tal, 2000 Jahre altes Nomadenland. Eine besondere Attraktion hier ist der Ulaan-Tsutgalan-Wasserfall, mit einer Höhe von 25 Metern der größte Wasserfall der Mongolei. Er wurde vor 20000 Jahren aus dem Zusammenwirken von Erdbeben und Vulkaneruption geformt.

Gorkhi-Terelj-Nationalpark

Mongolei

Farbenfrohe Natur mit herrlicher Alpenlandschaft: Der nur etwa 70 Kilometer von Ulan Bator gelegene Gorkhi-Terelj-Nationalpark beeindruckt mit gewaltigen Felsformationen wie dem »Schildkrötenfelsen« zwischen traumhaften Tälern und Hügeln samt gewundenem Fluss und Baumhainen.

Wüste Gobi

Mongolei

Schnee in der Wüste, das klingt paradox. Doch im Winter ist genau das in der Gobi zu sehen. Die nördlichste Wüste der Welt ist bekannt für ihre Extreme. Das kontinentale Klima sowie die Lage sorgen für Temperatursprünge von plus 50 auf minus 50 °C in nur wenigen Tagen – und dann zeigen sich dünne Schneelagen auf Sanddünen.

Wulong Karst

China

Im tropischen Südchina, in einem Karstgebiet bei Chongqing, führte intensive Verwitterung zu fantastischen Formen wie Kegelkarst, Turmkarst oder Steinwäldern. Berühmt sind die »Drei Brücken«, die im Chinesischen die Namen von Drachen tragen. Zwischen ihnen finden sich Canyons, Höhlen und Wasserfälle.

Wulingyuan

China

Wie Türme erheben sich die Sandsteinpfeiler in Wulingyuan im Nordwesten der chinesischen Provinz Hunan im malerischen Licht des Sonnenuntergangs. Der » Wald der 3000 Gipfel und 800 Gewässer« wurde 1992 zum Weltnaturerbe erklärt und umfasst auch die höchste natürliche Brücke der Erde.

Huang Shan
China

»Wer einmal den Huang Shan sah, wird es nie bedauern, andere Berge nicht gesehen zu haben«, sagt ein chinesisches Sprichwort. Die berühmte Bergregion fasziniert Maler, Dichter und Fotografen und gilt mit ihren über 70 Gipfeln als die idealtypische chinesische Landschaft, wie sie aus alten Tuschezeichnungen bekannt ist.

Kunlun Shan

China

Die Göttin der Unsterblichkeit soll in diesen Bergen wohnen: Xiwangmu gehört im Taoismus zu den ältesten Gottheiten und soll an der Schöpfung selbst mitgewirkt haben. In den hohen Gipfeln des Grenzgebirges zu Tibet haben sich die alten Wurzeln des Taoismus erhalten, das Gebirge ist eine wichtige Pilgerstätte der Anhänger.

Zhangye-Danxia-Geopark

China

»Regenbogenberge« werden diese Felsformationen im chinesischen Geopark Zhangye Danxia auch genannt. Sie bieten eine Farbpalette, die auf den ersten Blick aussieht, als hätte ein Maler kunterbunte Streifen gezogen. Doch die Färbung des Sandsteins ist eine hübsche Laune der Natur – hier hat der Mensch nicht nachgeholfen.

Hochland von Tibet
China

Das Hochland von Tibet liegt im Herzen Asiens. Im Süden wird es von den Gipfeln des Himalaya begrenzt. Im Westen ragen das Pamir- und das Karakorumgebirge auf. Im Norden neigt es sich hin zur Wüste Gobi, während ostwärts die Osttibetischen Randketten die Ebene begrenzen – eine Region voll magischer Schönheit.

Hochland von Tibet

China

Naturschutzgebiet Jiuzhaigou

China

Die schönste Reisezeit für das Jiuzhaigou-Tal ist vielleicht der Herbst, wenn neben den bunt schillernden Seen auch noch die rot und gelb gefärbten Laubbäume die Hänge säumen. Aus den Seen ergießen sich eindrucksvolle Wasserfälle, die in weitere Wasserbecken stürzen und wiederum neue Seen ausbilden.

Panda-Naturreservate in Sichuan

China

Das Panda-Schutzgebiet in Sichuan beheimatet fast ein Drittel der Wildpopulation des Großen Pandas und ist damit das bedeutendste Schutz- und Zuchtgebiet für diese bedrohte Tierart. Daneben wachsen hier 5000 bis 6000 Arten von Blütenpflanzen in mehr als 1000 Gattungen – rund ein Fünftel von ihnen kommt nur in China vor.

Guilin

China

Wie ein blaues Band schlängelt sich der Li durch die Landschaft, die mit ihren Karstbergen in absonderlichen Formen ein einmaliges Bild darbietet. Vielen der Felsen werden mythische Geschichten zugeschrieben. So gibt es die sieben Feenschwestern und das Suchbild der neun Pferde, die in den Hügeln versteckt sein sollen.

Guilin

China

Taroko-Nationalpark

Taiwan

Eine Wanderung in der Taroko-Schlucht ist ein Fest für die Sinne: In goldenes Abendlicht gehüllt sind die Rhododendren am Wegrand ein unvergesslicher Anblick! Ebenso einmalig ist die Strecke selbst: in den Fels gehauene Wege, Hängebrücken, unbeleuchtete Tunnel und Wasserfälle sind zu passieren.

Bunt leuchtend wetteifern die mit Kiefern, Eichen und Sträuchern bewachsenen Granitfelsen des 878 Meter hohen Daedunsan in Südkorea mit den sanften Farben des Abendlichts. Die herrliche Aussicht macht den Berg zu einem Paradies für Wanderer, besonders attraktiv ist die Tour zur Zeit der Laubfärbung im Herbst.

Daedunsan
Republik Korea

Nationalpark Juwangsan

Republik Korea

Ein Kleinod im wahrsten Sinne des Wortes ist der Juwangsan-Nationalpark, der kleinste Nationalpark Südkoreas. Es ist noch nicht lange her, da war sein Jusanji-Teich ein Geheimtipp für Liebhaber magisch-fotogener Orte. Als Filmkulisse für »Frühling, Sommer, Herbst, Winter ... und Frühling« (2003) wurde er weltberühmt.

Nationalpark Gyeongju

Republik Korea

Im einzigen historischen Nationalpark Koreas kommen Natur- und Kulturliebhaber gleichermaßen auf ihre Kosten. Natürliche Felsverwitterungen zeichnen ihre Muster neben in den Granitstein geschnitzte Buddhafiguren, Tigernattern verstecken sich unter Steinen, und manchmal scheinen die Bäume heimlich zu tanzen

Fuji

Japan

Das Wahrzeichen Japans, ein heiliger Berg, die Essenz der japanischen Seele – der 3776 Meter hohe Fuji ist seit jeher ein spiritueller Ort und heute auch eine Massentourismus-Attraktion. Denn nur zwei Monate beträgt die Bergsteigersaison, die stets am 1. Juli beginnt. Und in dieser Zeit will alle Welt den Berg besteigen.

Fuji

Japan

Sakurajima
Japan

Als befände sich dieses urtümliche Naturschauspiel auf der Sonne, so unmittelbar und hitzig sind die Ausstöße des im Süden Japans liegenden Sakurajima. Blitze zucken in dicken Rauchschwaden, Orange glühende Finger tasten sich den Hang hinab, die gesamte Umgebung wird in grauen Aschenebel getaucht.

Yakushima

Japan

Das Eiland Yakushima, vor der Südspitze von Japans Insel Kyushu gelegen, ragt bis zu 1935 Meter über dem Meeresspiegel auf. Fast die Hälfte der Insel ist als Nationalpark ausgewiesen. Ein gigantisches Granittal empfängt den Senpironotaki, einen 60 Meter hohen Wasserfall, der märchenhaft in die Landschaft eingebettet ist.

Huay Mae Khamin

Thailand

Der siebenstufige Wasserfall in der Provinz Kanchanaburi ist mit seinen vielen Kaskaden einer der schönsten des Landes, und zahlreiche Aussichtspunkte ermöglichen immer neue Blicke auf das rauschende Nass. Da hier keine Algen wachsen, sind die Felsen nicht rutschig – gute Voraussetzungen für ein Bad in den Pools.

Huay Mae Khamin
Thailand

Nationalpark Mu Ko Ang Thong

Thailand

Seine weitgehend unberührte Schönheit verdankt dieser 42 überwiegend unbewohnte Inseln umfassende Nationalpark der thailändischen Marine, der das etwas mehr als 250 Quadratkilometer große Gebiet bis 1980 als Sperrgebiet unterstand. Überwältigend ist der Blick vom Aussichtspunkt auf der Hauptinsel Ko Wua Talap.

Nationalpark Mu Ko Ang Thong

Thailand

Phang-Nga-Bucht

Thailand

Seit James Bond 1974 an der Bucht von Phang nga auftauchte, um dem »Mann mit dem goldenen Colt« das Handwerk zu legen, ist es mit der himmlischen Ruhe an diesem paradiesischen Ort vorbei. Doch überwältigend schön sind die Kalksteinnadeln, die wie Speerspitzen aus dem Meer aufragen, noch immer.

Ko Phi Phi

Thailand

Und noch einmal großes Kino: kristallklares, türkisfarbenes Wasser, feinster Sandstrand, Palmenhaine, Kokosnüsse, die einem vor die Füße fallen, und bizarre Felsformationen – wie geschaffen für das Set von »The Beach«, fand die Filmcrew rund um Leonardo DiCaprio. Und tatsächlich: diese Strände sind ein Traum.

Fansipan

Vietnam

Nebelverhangen ist er oft, und schwierig soll es früher gewesen sein, an manchen Tagen gar unmöglich, Vietnams Bergriesen im Nordwesten des Landes die Stirn zu bieten und seinen Gipfel zu stürmen. Der Aufstieg dauert ein bis drei Tage. Diesen Büffel scheint der Fansipan aber nicht wirklich zu beeindrucken.

Halong-Bucht

Vietnam

Ein aus den Bergen (oder aus dem Himmel) »herabgestiegener Drache« (Ha Long) habe, so heißt es, die Bucht geschaffen, als er mit den Schlägen seines mächtigen Schwanzes ein feindliches Heer vernichtete. In die so entstandenen Schluchten schwappte das Wasser, das der Drache verdrängte, als er ins Meer tauchte.

Zentrales Hochland in Vietnam

Vietnam

Fast unwirklich schön ist der wildromantische, 30 Meter hohe Dray-Nur-Wasserfall: Über 250 Meter Breite stürzt der Fluß Serepok in die Tiefe, ein gigantischer Wasservorhang vor einem Höhlensystem. Der Name Dray Nur, »Ehefrau«, beruht auf einer Legende, nach der hier ein Ungeheuer ein Mädchen von ihrem Liebsten trennte.

Tun Sakaran Marine Park

Malaysia

Mit feinsandigen Stränden und azurblauem Meer ist das Meeresschutzgebiet Tun Sakaran Marine Park in Malaysia ein tropisches Inselparadies. Seine eindrucksvolle Unterwasserwelt zählt zu den besten Tauchrevieren weltweit. Im Nationalpark leben etwa 2000 einheimische Seenomaden auf Hausbooten und in Pfahlbauten.

Danum-Tal

Malaysia

Wie ein Naturidyll im zartesten Grün sieht das Danum-Tal im Nordosten Borneos aus. Doch der Schein trügt, denn hier leben so viele wilde Tiere auf so engem Raum, dass sich alles ums Fressen und Gefressenwerden dreht. Malaien-Gleitflieger, Nebelparder, Orang-Utans und viele mehr treten sich hier quasi auf die Füße.

Mabul
Malaysia

Es gehört zu den größten Erlebnissen eines jeden Tauchers, einer Meeresschildkröte zu begegnen. Kaum irgendwo sind die Chancen dazu so groß wie in Mabul. Die Insel gilt als Eldorado für Unterwasserfreaks, die hier die schönsten Meeresschnecken, Fische und Krebse sehen – und doch immer auf eine Schildkröte hoffen.

Nationalpark Gunung Gading

Malaysia

Die Riesenrafflesie bildet mit bis zu einem Meter Durchmesser und einem Gewicht von bis zu elf Kilogramm die größten Einzelblüten im Pflanzenreich aus. Dieses Exemplar gedeiht im Nationalpark Gunung Gading auf Borneo. Die Blüte duftet nicht, sondern riecht nach Aas, um Schmeißfliegen zur Bestäubung anzulocken.

Nationalpark Tanjung Puting

Malaysia

Im Tanjung-Puting-Nationalpark im Süden Borneos leben etwa 6000 Orang-Utans. Die Rückzugsgebiete der »Menschen des Waldes« sind durch Palmölplantagen stark bedroht. Im Camp Leakey werden verlassene junge Affen aufgenommen, ernährt und gepflegt. Nach ihrer Genesung werden die Jungtiere ausgewildert.

Kinabalu

Malaysia

Sonnenaufgang über dem Kinabalu auf Borneo. Der 4095 Meter hohe »Berg der Götter« ist nach dem Glauben der örtlichen Kadazan und Dusum Sitz der Götter und Ruhestätte der Verstorbenen. Die UNESCO hat ihn wegen seiner einmaligen Landschaft und seiner hoch differenzierten Vegetation zum Weltnaturerbe erklärt.

Nationalpark Bromo Tengger Semeru

Indonesien

Es ist die Stunde der Wunder, wenn sich die Natur im Morgengrauen den Schlaf der Nacht aus den Augen reibt und die Vulkane Batok, Bromo und Semeru sichtbar werden lässt. Es ist eines der ein spektakulärsten Landschaftspanoramen Indonesiens – und ein sehr flüchtiges, denn bald verhüllen sich die Vulkane mit Wolken.

Lombok

Indonesien

So heißblütig wie in den Anfangstagen der Schöpfung ist die Erde auf der indonesischen Insel Lombok noch immer. Und dem schönen Frieden am Vulkan Rinjani sollte man besser nicht trauen. Dennoch unternehmen in der Saison etwa 1000 Wanderer täglich den mehrtägigen, mühevollen Aufstieg bis zum Gipfel.

Flores

Indonesien

Die Seen am Vulkan Kelimutu schimmern in Türkis und Schwarz, in nachtdunklem Grün und einem Braun, so tief wie die Seele der Erde. Doch alle paar Jahre wechseln sie wie von Zauberhand ihre Farben, nehmen einen rötlichen Teint an oder schmücken sich mit Himmelblau. Wie das kommt? Auch Geologen haben keine Erklärung.

Luzon

Philippinen

Majestätisch erhebt sich der Mayon vor den Reisfeldern, und in der Abendsonne mit einem Wolkenschleier sieht der Feuerberg auf der Insel Luzon friedlich und ruhig aus. Er gilt wegen seiner symmetrischen Form als einer der schönsten Vulkane der Erde, ist aber auch berüchtigt für seine überraschend einsetzenden Ausbrüche.

Kaum zu entdecken ist der vom Aussterben bedrohte Koboldmaki. Die braunroten Tierchen sind nur etwa so groß wie eine Männerhand und bringen gerade 150 Gramm auf die Waage. Auffällig sind ihre riesigen, starren Augen. Die Affenart ist nachtaktiv und verbringt den Tag schlafend im dichten Geäst der Baumkronen.

Samar

Philippinen

Bohol

Philippinen

Chocolate Hills, »Schokoladenhügel«, heißen diese bizarren Berge. 1268 dieser perfekt geformten, kegelförmigen Kalksteinhügel gibt es auf der Insel Bohol. Sie sind zwischen 40 und 120 Meter hoch und in der Regenzeit sattgrün. In der Trockenzeit verdörren die Pflanzen jedoch zu einem kräftigen Braun, daher der Name.

Bohol

Philippinen

Australien & Ozeanien

Roter Kontinent Australien! Der Ayers Rock, das Great Barrier Reef ... Namen voller Verheißung. Dann geht es nach Ozeanien, in die schaumgeborene Inselwelt des Pazifiks. Neuseeland lockt mit Bergen, Seenlandschaften und der Magie der Maori. Und die Südseeinseln des Pazifiks sind der Inbegriff aller Sehnsuchtsziele.

Kakadu National Park

Australien

Der Kakadu National Park bietet sehr abwechslungsreiche Landschaftsformen und eine extrem reiche Tier- und Pflanzenwelt – auch einem Krokodil kann man hier mal begegnen. Berühmt aber ist der Park für die zahlreichen, herausragenden Felsmalereien der Aborigines, die seit Jahrtausenden in diesem Gebiet leben.

Purnululu National Park

Australien

Manche Teile der Welt sind lange so gut wie unbekannt geblieben. Dazu gehört auch die Bungle Bungle Range, ein Labyrinth aus Sandstein-Domen, die ein wenig an Bienenkörbe erinnern. Die Aborigines kannten das Gebiet seit langem, doch der Rest der Welt fand sie erst per Zufall, als 1983 ein Filmteam die Gegend überflog.

West MacDonnell National Park

Australien

Gigantische Felsen, tiefe Täler und Schluchten mit erfrischenden Wasserlöchern – das sind die West Mac Donell Ranges. An der Glen Helen Gorge öffnen sich die Felswände, um einem Wasserbecken Platz zu machen. In den Sommermonaten ist der Pool Zufluchtsort für die Fische des Finke River und viele Wasservögel.

West MacDonnell National Park

Australien

Uluru-Kata Tjuta National Park

Australien

Jeder Besucher spürt vor Ort, warum der Uluru – früher unter dem Namen Ayers Rock bekannt – den Aborigines heilig ist. Seit 1985 gehört der Fels wieder den Ureinwohnern. An seinem Fuß liegt das Aboriginal Culture Centre, das von den Ureinwohnern geführt wird und ihre Kultur- und Lebensart veranschaulicht.

Uluru-Kata Tjuta National Park

Australien

Great Barrier Reef

Australien

Unter Wasser wartet eine faszinierende Welt: Wie eine Farbexplosion am Meeresgrund schießen schillernde Fischschwärme im Gleichtakt der Wellen zwischen den Korallen umher. Doch die globale Erwärmung führt zur Korallenbleiche – das Great Barrier Reef ist gefährdet, wenn der Mensch es nicht endlich schützt.

Whitsunday Islands

Australien

Ebbe und Flut verändern ständig das Bild von Hill Inlet, einem Meeresarm der Whitsunday Islands in Australien. Das Blau des Wassers und das Weiß des Quarzsandes verschmelzen immer wieder aufs Neue zu faszinierenden Formen. Den atemberaubenden Ausblick genießt man am besten vom Hill Inlet Lookout.

Daintree National Park

Australien

Der Daintree National Park ist ein Wunder der Schöpfung: der älteste tropische Regenwald der Erde, der nur 0,01 % der australischen Landfläche bedeckt, aber 30 % aller Säugetiergattungen des Kontinents beherbergt. Die ältesten blütentragenden Pflanzen der Erde sind hier beheimatet, der Park gleicht einem Archiv der Zeit.

Große Emus leben in der Arkaroola Wilderness Sanctuary. Die Laufvögel zeichnen sich durch sehr kräftige Beine aus und können bis zu 1,90 Meter groß werden. Das Schutzgebiet wurde in den 1960er Jahren gegründet und liegt im nördlichen Teil der Flinder Ranges, die auch mehrere Nationalparks beherbergen.

Flinders Ranges

Australien

Springbrook National Park

Australien

Überwältigend ist der Anblick der Purling Brook Falls in Queenslands Springbrook-Nationalpark. Der Wasserfall, stürzt sich an der vulkanischen Steilwand über 100 Meter in die Tiefe und formt zwischen den hohen Palmen und Farnen des sattgrünen Gondwana-Regenwalds ein Bassin, in dem Baden allerdings nicht erlaubt ist.

Dorrigo National Park

Australien

Im 119 Quadratkilometer großen Dorrigo National Park findet man eine vielfältige Pflanzen- und Tierwelt, darunter immergrüne Eukalyptus, Orchideen, Farne und Moose, außerdem unzählige Vogelarten und nachtaktive Säugetiere. Schwindelfreie können auf einem Skywalk leichtfüßig über die Baumwipfel spazieren.

Blue Mountains National Park

Australien

Für die Schönheit der Blue Mountains gibt es einen prominenten Zeugen: Kein Geringerer als Charles Darwin nannte die Aussicht von den Felsvorsprüngen »fantastisch«. Der Name geht auf ein Naturphänomen zurück: Im Dunst der von den Bäumen ausströmenden ätherischen Öle erscheinen die Eukalyptuswälder bläulich.

Wenn Bäume Geschichten erzählen könnten, würde der Schnee-Eukalyptus wohl die schönsten kennen. Mit seinen verzwirbelten Ästen passt er in jedes Märchen, ist aber tatsächlich im Osten Australiens – wie hier im Kosciuszko National Park – zu finden. Je älter der Baum, desto streifiger wird seine Rinde.

Kosciuszko National Park

Australien

Port Campbell National Park

Australien

Mystische Stimmung bei den Felsmonolithen der sogenannten »Zwölf Apostel« im australischen Port Campbell National Park. Trotz ihres Namens waren die Apostel nie zwölf, sondern neun. Heute sind es nur noch acht, denn die Kraft der Gezeiten, Wind und Sturm haben einen der Felsen einstürzen lassen..

Die 20 Meter hohen Beauchamp Falls im Nationalpark Great Otway ergießen sich in eine urwüchsige Naturlandschaft, die von uralten Eukalyptusriesen und meterhohen Baumfarnen geprägt ist. Der Nationalpark weist neben den Eukalyptuswäldern auch Küstenheide, Klippen- und Dünenlandschaften und Buschflächen auf.

Great Otway National Park

Australien

Walls of Jerusalem National Park

Australien

Wie ein Fenster öffnet sich der sattgrüne tasmanische Regenwald und gibt den Blick frei auf die Gebirgslandschaft des Walls of Jerusalem National Park. Die hier wachsenden Baumfarne gehören zu den »Dinosauriern« unter den Pflanzen und haben schon vor Jahrmillionen das Bild der Erde geprägt.

Benannt ist das ganz im wilden Nordwesten Tasmaniens gelegene Gebiet nach den Tarkinern, einer von drei Aborigine-Gemeinden, die hier seit hier seit mehr als 30 000 Jahren leben. Ruhig und idyllisch fließt der Arthur River durch das grüne Dickicht. Er begrenzt das Areal im Norden, der Pieman River ist die südliche Grenze..

Tarkine Wilderness Area

Australien

Lord Howe Islands

Australien

Die insgesamt 28 Lord-Howe-Inseln, von denen nur die Hauptinsel Lord Howe bewohnt ist, sind die Überreste eines Schildvulkans im Pazifik. Vor sieben Millionen Jahren erhob er sich noch 2000 Meter über den Meeresspiegel. Mehrere Aussichtspunkte geben einen fantastischen Blick über die Inseln.

Lord Howe Islands

Australien

Macquarie Island

Australien

Die nur etwa 35 Kilometer lange und rund fünf Kilometer breite Macquarie-Insel ist ein Paradies für See-Elefanten, Pelzrobben und zahlreiche Vogelarten. Königs- und Haubenpiguine bilden im Winter und im Frühjahr riesige Brutkolonien. Einziges Zeichen menschlicher Gegenwart ist eine Forschungsstation.

Auf den einzigen subantarktischen Inseln mit vulkanischer Aktivität sind Pinguine, Meeressäuger und Seevögel unter sich. Dabei sind vor allem die ulkig anzusehenden Haubenpinguine eine Art Markenzeichen der Inseln. Die Vögel mit dem goldenen Kopfgefieder sieht man meist in Kolonien.

Heard & McDonald Islands

Australien

Cape Reinga

Neuseeland

In der Spirits Bay vor Cape Reinga steht ein uralter, windgebeutelter Pohutukawabaum. Die Maori glauben, dass an seinen Wurzeln die Seelen der Toten ins Meer gleiten und so ihre letzte Heimreise beginnen – in das mythische Hawaiki. Der Leuchtturm am Kap von 1941 hingegen ist für die Besucher eine Attraktion, an die sie glauben.

Whangarei Heads

Neuseeland

Dramatisch brauen sich dunkle Wolken über den Whangarei Heads zusammen. Doch die Sonne sucht sich einen letzten Weg durch eine Lücke und lässt das Grün der Wiesen und das Türkis des Meeres nochmals kräftig aufleuchten. Wanderwege führen durch die schöne Landschaft und bieten tolle Ausblicke.

Coromandel-Halbinsel

Neuseeland

Die Natur schuf auf der Coromandel-Halbinsel in Neuseeland einige kuriose Felsformationen aus hellem Kalksandstein, die heute beliebte Fotomotive sind. Hier blickt man von der Cathedral Cave, einem Gewölbe von den Ausmaßen einer Kathedrale, auf den Strandabschnitt Mare's Leg Cove und die vorgelagerten Felsen.

Wai-O-Tapu Thermal Wonderland

Neuseeland

Das Geothermalgebiet Wai-O-Tapu (Maori: »heilige Gewässer«) fasziniert mit dem Champagne Pool, einer der größten Thermalquellen Neuseelands. Neben den aufsteigenden Gasbläschen sind die Farben auffallend: Metalle und Mineralien wie Schwefel, Stibnit, Realgar und Orpiment färben die Pools gelb, orange oder grün.

Tongariro

Neuseeland

1887 schenkte Häuptling Te Heuheu Tukino das den Maori heilige Land rund um den Vulkan Tongariro der neuseeländischen Regierung mit der Maßgabe, es für alle Menschen zu schützen. Und so geschah es: Die Regierung erwarb zusätzliches Land und ernannte es 1907 zu einem Nationalpark, der heute zum Welterbe zählt.

Arthur's Pass National Park

Neuseeland

Auf der historischen Route von Christchurch an die Westküste quert der Highway 73 die Southern Alps beim Arthur's Pass. Ein Stop im Nationalpark lohnt vor allem für geübte Bergwanderer, die hier 16 Gipfel über 2000 Meter vorfinden. Auch bei Kajakfahrern und Skifahrern ist der Park ein beliebtes Ziel.

Westland National Park

Neuseeland

Erfreulicherweise kennt die Natur keine Eitelkeit, sonst wäre der Lake Matheson sicherlich eine wahre Diva! Bildschön im Herzen des Westland National Park gelegen, reflektiert der See die mächtigen Gipfel von Mount Tasman und Aoraki/Mount Cook. Der See liegt in der Nähe des Fox Glacier am Rand der Ortschaft Fox.

Westland National Park

Neuseeland

Mount Cook National Park

Neuseeland

Der mit 3724 Meter höchste Berg Neuseelands trägt gleich zwei Namen: die europäischen Siedler tauften ihn 1851 Mount Cook, natürlich nach dem berühmten Kapitän James Cook. Für die Maori hingegen hieß der Berg im örtlichen Dialekt immer schon Aoraki, was so viel wie »Wolkendurchbohrer« bedeutet.

Mount Cook National Park

Neuseeland

Mount Aspiring-National Park

Neuseeland

Ihr unglaubliches Azurblau verdanken die Blue Pools den Gletschern des Mount-Aspiring-Nationalparks – und auch ihre eisige Wassertemperatur. Malerisch eingerahmt werden die kristallklaren Becken des Blue River von Felshängen, an denen sich ein paar Bäume und Sträucher festklammern..

Lake Wanaka

Neuseeland

Betrachtet man die recht karge Landschaft aus Felsen und schneebedeckten Gipfeln vermutet man kaum, hier Weinbau zu finden. Am Ufer des Lake Wanaka wurden jedoch vor einigen Jahren auf dem Gebiet einer alten Merinoschaffarm die ersten Weintrauben im neuseeländischen Zentral-Otago gepflanzt – mit großem Erfolg.

Fiordland National Park

Neuseeland

Das schönste Ende der Welt? Mit seinen steil abfallenden, bewaldeten Felswänden zählt der Milford Sound im Fiordland National Park zu den größten Attraktionen der Südinsel. Die Straße zum Milford Sound ist eine der schönsten Bergstrecken der Welt, den See entlang führt sie dann durch weitgehend unberührte Landschaften.

Fiordland National Park

Neuseeland

Raja Ampat

Indonesien

Schon der dampfende Dschungel und die schneeweißen Strände auf Raja Ampat übertreffen jede Vorstellung von einem tropischen Paradies. Doch das ist nur ein Vorgeschmack, denn die ganze Großartigkeit der Inseln entfaltet sich unter Wasser. Ihre Riffe und Lagunen gelten als die artenreichste Meereswelt auf dem Planeten.

Palau

Palau

Winzige Tupfer in den Weiten des Pazifischen Ozeans: Mehr als 300 Koralleninseln bilden Palau, eine fragile Schönheit mit einer bewegten Geschichte. Hier werden – neben Englisch und Japanisch – Sprachen gesprochen, von deren Existenz wir nichts ahnten: Palauisch, Sonsorolesisch und Tobianisch zum Beispiel.

Viti Levu

Fidschi

Regenbogenriffe, Mangroven, Vulkankrater und endemische Tiere wie der Fidschi-Grundfrosch: Nirgendwo im südlichen Pazifik sind Flora und Fauna so abwechslungsreich wie auf den 330 Fidschis. Mit einer Landfläche größer als alle anderen Inseln zusammen macht Viti Levu seinem Namen »großes Fidschi« alle Ehre.

Vanua Levu ist von einem ausgedehnten Barriereriff umgeben. Das müssen sich auch Jäger und Gejagte teilen: Hier sucht ein Schwarm Soldatenfische das Weite, denn der Riffhai hat sie ganz oben auf seinem Speiseplan. Alle aber halten still, wenn Putzerfische ihre Haut und Kiemen von ungebetenen Gästen befreien wollen.

Vanua Levu

Fidschi

Bora Bora

Französisch-Polynesien

Es gibt Paradiese auf der Welt, wo es unter Wasser ebenso schön ist wie darüber. Einer dieser Orte ist das Atoll Bora Bora, das zur Gruppe der Gesellschaftsinseln gehört. Hier hat man nur die Qual der Wahl zwischen wunderschönen Stränden, Tauchen und Schnorcheln oder Ausflügen mit dem Glasbodenboot.

Wie die allermeisten Atolle des Archipels ragt auch Rangiroa nur wenige Meter über den Meeresspiegel hinaus. Die Lagune bietet erstklassige Möglichkeiten, um mit der kunterbunten Unterwasserwelt der Südsee auf Tuchfühlung zu gehen. Dafür muss man nicht einmal zur Taucherausrüstung greifen, ein Schnorchel reicht.

Rangiroa

Französisch-Polynesien

Nord- & Mittelamerika

In Nordamerika findet man nahezu alle Klima- und Vegetationszonen der Erde vor: Arktische Wildnis in Alaska, Wüste rund um Arizona, tropische Temperaturen auf Samoa, aktive Vulkane auf Hawaii – dazu eisige Gletscher und Einsamkeit in Kanada, Bergwelten wie die der Rocky Mountains und Schluchten wie im Grand Canyon.

Tombstone Territorial Park

Kanada

Im Indian Summer leuchtet die sonst so karge Landschaft im Tombstone Territorial Park, geprägt von Permafrostböden und Tundra, in allen nur erdenklichen Rot- und Gelbtönen. Die tiefer stehende Sonne taucht die Szenerie in ein sanftes, goldenes Licht ... vor dem langen Winter schmückt sich die Natur noch ein letztes Mal.

Jasper National Park

Kanada

Sunwapta bedeutet »wildes Wasser«. Besonders im Frühjahr, wenn in den Rocky Mountains die Schneeschmelze beginnt, werden die Sunwapta Falls im Jasper-Nationalpark ihrem Namen gerecht. Dann rauscht das Schmelzwasser des Athabasca-Gletschers aus 18 Meter Höhe tosend laut in den Gesteinsriss.

Yoho National Park

Kanada

Mitte in den Rocky Mountains, weitab von jeder asphaltierten Straße, liegt der Lake O'Hara auf 2115 Meter Höhe im Yoho National Park. Nicht allzu viele Touristen kommen über die holprige Schotterstraße hierher. Die Gegend ist durch mehrere Trails erschlossen, die zu den wohl schönsten Wanderungen in den Rockies gehören.

Mount Assiniboine Provincial Park

Kanada

»Das Matterhorn der kanadischen Rocky Mountains« wird der 3618 Meter hohe Mount Assiniboine wegen seiner perfekten Pyramidenform auch genannt, und der Vergleich liegt tatsächlich auf der Hand. So waren es passenderweise auch zwei Schweizer Bergführer, die den Berg 1901 als erste bezwangen.

Banff National Park

Kanada

Ganze zehn Gipfel umgeben das Tal, in dem der strahlend blaue Gletschersee Moraine Lake liegt. Das Valley of the Ten Peaks liegt mehr als 1880 Meter hoch. Zahlreiche Wanderrouten führen um den See herum und bieten wunderschöne Aussichten – den wohl besten Blick auf den See hat man vom sogenannten Rockpile.

Banff National Park

Kanada

Gates of the Arctic National Park

USA

Im Morgenlicht schimmern die Granitwände der Arrigetch Peaks wie gleißendes Gold. Sie zu erreichen, ist ein Abenteuer: Im Nationalpark gib es keine ausgebauten Wanderwege, nur Wildniserprobte Abenteurer brechen in die kargen, zerklüfteten Berge auf – immer mit dem Risiko, auch mal einem Grizzly zu begegnen.

Denali National Park

USA

Seit 2015 hat er endlich seinen richtigen Namen: der Denali, höchster Berg Nordamerikas, hieß bis zu diesem Zeitpunkt Mount Mc Kinley, dann bekam er seinen indianischen Namen zurück. Der nach ihm benannte Nationalpark ist ein beliebtes Ziel zum Bergsteigen, Wandern oder für die Beobachtung von Wildtieren.

Olympic National Park

USA

Der wildromantische, etwa 97 Kilometer lange Pazifikküstenstreifen des Olympic National Park bietet felsige, wilde Ufern und weite Sandstrände. An den Ruby Beach gelangt man durch einen dichten grünen Küstenwald. Etwas weiter lockt der Hoh Rainforest, der größte gemäßigte Regenwald der westlichen Hemisphäre.

So beschaulich, wie Mount St. Helens im US-Bundesstaat Washington in den Himmel ragt, sollte man meinen, der schlafende Riese könne kein Wässerchen trüben. Doch der Vulkan weist eine besonders große Explosionsenergie auf, bei einem Ausbruch 1980 schleuderte er Asche bis zu 18 Kilometer in die Höhe.

Mount St. Helens National Volcanic Monument

USA

Cape Perpetua

USA

Wie ein gieriger Schlund scheint Thor's Well unweit der Landspitze Cape Perpetua das Meer einzusaugen. Dem spektakulären Naturphänomen, das sich nur bei Flut beobachten lässt, verdankt der Krater seinen Spitznamen »Abfluss des Pazifik«. Doch der Schein trügt: Kein Abfluss, sondern eine Höhle ist hier im Spiel.

In den Meeresgebieten um die Channel Islands im Pazifischen Ozean leben besonders viele Kalifornische Seelöwen. Mit bis zu 400 Kilogramm Körpergewicht und einer Länge von 2,20 Metern wirken vor allem die Männchen an Land eher plump und behäbig, doch unter Wasser bewegen sie sich elegant.

Channel Islands

USA

Yosemite National Park

USA

Er ist ein Wahrzeichen des Yosemite Nationalparks – der mächtige Half Dome. Jedes Jahr zieht er Tausende von Touristen an, die den Berg auf einer Ganztagestour erklimmen. Die markante Halbkugelform verdankt der Half Dome einem Gletscher aus der Eiszeit und sogenannten Abschuppungen am Felsen.

Wogende rote Sanddünenfelder wie in Teilen Afrikas prägen manche Regionen des Death Valley. Das Tal des Todes ist eine der trockensten und heißesten Gegenden der Erde. Trotzdem ist es Lebensraum für Füchse, Pumas und Dickhornschafe sowie über 300 Vogel- und zahlreiche Reptilienarten

Death Valley

USA

Joshua Tree National Park

USA

Wie stumme Wächter ragen die Josua-Palmlilien empor. Die Bäume wachsen vor allem im höher gelegenen und kühleren Nordwestteil des Nationalparks, der Mojave-Wüste. Sie begnügen sich mit wenig Wasser, wachsen auch auf steinigem Untergrund und überstehen selbst Winternächte mit Temperaturen um den Gefrierpunkt.

Joshua Tree National Park

USA

Yellowstone National Park

USA

Yellowstone, 1872 gegründet und somit der älteste Nationalparks der Welt, umfasst eine majestätische Wildnis mit Bergen, Flüssen und Seen sowie über 300 Geysiren. Einer seiner Anziehungspunkte ist die Grand Prismatic Spring, die drittgrößte Thermalquelle der Erde, deren kräftige Farben durch Mikroorganismen entstehen.

Die letzten Sonnenstrahlen des Tages reichen über die Gipfel der Tetons und tauchen die Hedrick-Pond-Ebene in warmes Licht. Die 4000 Meter hohen Gipfel der Teton Range, die sich wie Zähne aus dem Land erheben, sind ein Paradies für Bergsteiger. Wanderern bietet der Nationalpark rund 300 Kilometer an ausgewiesenen Wegen.

Grand Teton National Park

USA

Arches National Park

USA

Der Delicate Arch mit seinen rund 20 Metern Höhe rahmt den niedriger liegenden Teil des Parks besonders malerisch. Das Ensemble aus aus über 2000 natürlichen Bögen, Säulen, Pilzfelsen, fein ausbalancierten Felsblöcken und Felslamellen kann man bei einer Fahrt auf dem 30 Kilometer lange Arches Scenic Drive entdecken.

Canyonlands National Park

USA

Die Canyonlands im südlichen Utah gehören zu den aufregendsten Landschaften der Erde. Einen atemberaubenden Ausblick auf die zerfurchten Schluchten hat man vom Grandview Point Overlook. Viele Wanderwege führen dann in die Täler und erschließen dem Besucher eine märchenhafte Welt aus buntem Gestein.

Capitol Reef National Park

USA

Der Südwesten der USA ist ein Felsenparadies, und das gilt vor allem für das Colorado Plateau. Im Nationalpark Capitol Reef haben geologische Prozesse sowie Wind und Wetter eine eindrucksvolle bizarre Felslandschaft geform, in der schon um 700 Indianer lebten. Die ersten Forscher drangen 1200 Jahre später in das Gebiet vor.

Bei einem Blick von oben in den Zion Nationalpark wird dem Betrachter bewusst, wie klein er ist und wie groß die Natur: Senkrecht fallen die Felsen ab, und in der unglaublichen Tiefe der Canyons suchen sich Flüsse ihren Weg. Es grenzt an ein Wunder, dass so viele Sträucher an den steilen Felsen Halt finden.

Zion National Park

USA

Bryce Canyon

USA

Manchmal ist Wasser ein Sprengmeister, der keine Geduld kennt, sondern es krachen und knallen lässt. Was bei solchen Temperamentsausbrüchen herauskommt, ist pures Spektakel in Stein, hochdramatische Formenexplosion. Das beste, schönste, überwältigendste Beispiel dafür ist der Bryce Canyon in Utah.

Bryce Canyon

USA

Lake Powell

USA

Pittoreske Sandsteinformationen in einmalig schönen Farbnuancen, kleine Seitentäler, die größte natürliche Steinbrücke der Welt und immer neue Ausblicke wie hier am Alstrom Point kann entdecken, wer mit genügend Zeit und einem Motorboot, Hausboot oder Kanu über das Wasser des Lake Powell gleitet. .

Lake Powell

USA

Vermilion Cliffs

USA

Zinnoberrot ist die vorherrschende Farbe dieser Cliffs ganz im Norden Arizonas: Zinnober wie das rotbraune Mineral, das auf Englisch »Vermilion« heißt. Im hiesigen Gestein zeigt es besonders feine Linien, die ein urzeitliches Meer erschuf. Die Schichten wurden beim Auffalten verwirbelt und dann vom Wind abgetragen.

Von oben wirkt der Canyon unspektakulär, doch wer sich hinunterwagt, dem eröffnen sich tiefe Schluchten, über Jahrtausende von rauschendem Wasser eingeschnitten, und faszinierende Farbspiele. Der Upper Canyon ist an einem Ende zu ebener Erde begehbar, die Tiefen des Lower Canyon erreicht man über steile Leitern.

Antelope Canyon

USA

Grand Canyon

USA

Gesteinstreppen führen in tiefe Schluchten, und hin und wieder blinkt ganz weit unten silberfarben der Colorado River aus der Felswüste, in die er sich gegraben hat ...

Beim Anblick des Grand Canyon gehen dem Betrachter die Superlative aus: Er ist die imposanteste, großartigste, überwältigendste Schlucht der Erde.

Grand Canyon

USA

Monument Valley

USA

Aufnahmen aus dem Monument Valley hat wohl jeder schon gesehen: Auf der Hochebene mit ihren rötlichen Felstürmen, Tafelbergen und Felsnadeln wurden zahlreiche Western gedreht, und auch die Werbung bediente sich der Landschaft als Kulisse. Auf dem Scenic Drive kann man das Tal auf eigene Faust entdecken.

Bereits vor 5000 Jahren lebten Menschen in den Canyons des Colorado-Plateaus. Das heutige Nationalparkgebiet gehört den Navajo-Indianern. Eine der Besucherattraktionen ist das Canyon de Chelly National Monument mit den 240 Meter hohen Felsnadeln des Spider Rock, in der Mythologie der Navajo Wohnort der Spinnenfrau.

Canyon de Chelly National Monument

USA

Badlands National Park

USA

Badlands, »schlechtes Land«, so nennt man gewöhnlich Regionen mit aridem Klima, durchschnitten von tiefen Erosionsrinnen. So schlecht sich die Badlands auch für die Landwirtschaft eignen, so großartig sind die Felsformationen, so fantastisch die Farben und so reich die Fossilienfunde in diesem Nationalpark.

Der Great Smoky Mountains National Park liegt in den ehemaligen Jagdgründen der Cherokee-Indianer. 1837 wurden diese aus ihrer angestammten Heimat vertrieben und über den Trail of Tears, den »Weg der Tränen«, nach Westen geschickt. Über 4000 Indianer starben unterwegs oder in Lagern.

Great Smoky Mountains National Park

USA

Okefenokee National Wildlife Refuge

USA

Einst fischten und jagten Georgias Ureinwohner in diesem Feuchtgebiet, heute kommen Besucher zum Paddeln, Angeln und »Jagen« mit Fernglas und Kamera. Mit einem Kanu zwischen Bäumen im Wasser entlangzuschwimmen, während Alligatoren vom Ufer hinabgleiten, lässt Abenteurerherzen höherschlagen.

»Fluss aus Gras« – so heißen die Everglades bei den Indigenen Völkern. Tatsächlich sind die Everglades kein Sumpf, sondern ein breiter, mit Gras bewachsener Fluss, der extrem langsam und meist direkt unter der Oberfläche fließt. Der Nationalpark schützt ihren südlichen Teil und ihre Bewohner, wozu auch der Puma gehört.

Everglades National Park

USA

Kaua'i

USA

Diese Küste ist eine der spektakulärsten auf Hawaii: Viele schmale, tiefe Täler der »Garteninsel« Kaua'i enden abrupt im Pazifik. Manche Besucher erreichen die Nå Pali Coast per Helikopter. Die meisten aber wandern auf dem Kalalau Trail durch zahlreiche große und kleine Täler, bis sie nach 18 Kilometern Kalalau Beach erreichen.

Schier undurchdringliches Grün umgibt einen jeden, der sich auf dem Pepe'opae Bog Trail seinen Weg durch das hawaiianische Kamakou Preserve bahnt. Das Naturreservat mit einem unberührten Regenwald und seltenen hawaiianischen Pflanzen liegt im Osten der Insel Moloka'i und ist nur mit dem Geländewagen zu erreichen.

Moloka'i

USA

Maui

USA

Fast unwirklich scheint die Schönheit der Caldera auf dem Vulkangipfel des Haleakalā. Der Name bedeutet »Haus der Sonne«: Der polynesische Halbgott Maui soll hier die Sonne eingefangen und erst wieder freigelassen haben, als sie versprach, in Zukunft nicht mehr so schnell über den Himmel zu wandern.

Maui

USA

Baja California

Mexiko

Große Kakteen und die kargen erdigbraunen Berge der Santa Clara Mountains. So präsentiert sich die Landschaft der Baja California in Mexiko. Verfolgt man die Halbinsel jedoch bis zu ihrer Südspitze tut sich mit dem Cabo San Lucas ein Kontrast auf: Erfrischend schlagen hier die Wellen an die markanten Felsen.

Angriff von allen Seiten: Unter Wasser werden die Sardinen vor der Isla Mujeres vom Fächerfisch mit seinem säbelartigen Schnabel gejagt, und die Fregattvögel starten einen Luftangriff. Fregattvögel suchen stets nach Fischen, die nahe an der Oberfläche schwimmen, sodass sie nur den Schnabel ins Wasser tauchen müssen.

Isla Mujeres

Mexico

Cockscomb Basin Wildlife Sanctuary

Belize

Auch im Schutzgebiet des Cockscomb Basins entdeckt man den überaus gut getarnten, scheuen Jaguar nur selten. Regenwald und immer wieder Wasserstellen und Wasserfälle sowie Überreste der Mayakultur sind eingebettet in die hügelige Landschaft, im Norden kann man die Zeremonialstätte Chucil Baluum besichtigen.

Vor der Küste von Belize erstreckt sich das längste lebende Barriereriff der nördlichen Hemisphäre. In der farbenprächtigen Unterwasserlandschaft haben viele gefährdete Tierarten ihre Heimat gefunden. Zu dem komplexen Ökosystem gehören auch drei große Atolle und Hunderte »Cays«, flache Inselchen aus Korallenablagerungen.

Belize Barrier Reef

Belize

Hochland von Guatemala

Guatemala

Aus der Ferne wirken einige Vulkane friedlich, doch sie haben eine enorme Kraft: Der Santa María gilt als der kräftigste Stratovulkan der Kette an der pazifischen Küste. Am Rande des Hochlands von Guatemala gelegen, bietet er bereits einen Vorgeschmack darauf, was die dortigen Gebirgsketten ausmachen.

Friedlich sieht der Poás bei aufgehender Sonne aus, und doch brach er im April 2017 erneut aus. Sein Hauptkrater ist mit 300 m Tiefe und einem Durchmesser von 1,5 Kilometern der zweitgrößte der Welt. In ihm leuchtet türkisblau ein extrem saurer See, die Laguna Caliente. Ringsum gedeiht tropischer Zwergwald.

Nationalpark Vulkan Poás

Guatemala

Nationalpark Guanacaste

Costa Rica

Gleich drei Nationalparks verbinden sich im Nordwesten Costa Ricas zu einem riesigen Schutzgebiet. Es reicht von der Pazifikküste über die gut 2000 Meter hohen Berge des Inlands bis in die Tiefländer auf der karibischen Seite. Hier leben rund 140 Säugetierarten, von Affen über Berglöwen und Pumas bis zu Tapiren.

Monteverde

Costa Rica

In den Nebelwäldern Monteverdes sind die Hänge üppig von Bäumen und Palmen bewachsen. Die hügelige Landschaft verspricht tolle Ausblicke, auch auf die Tierwelt, die hier lebt. Um den Lemur-Laubfrosch zu entdecken, muss man allerdings genau hinsehen: Er lebt im Blattgewirr der Bäume und misst nur knapp 4 Zentimeter.

Isla del Coco

Costa Rica

Weit vom Festland entfernt konnte sich auf der Isla del Coco eine einzigartige Tier- und Pflanzenwelt ausbilden. Die Legende will es, dass im 17. und 18. Jahrhundert Piraten auf der Kokosinsel ihre Schätze vergruben – bislang hat aber noch niemand eine Spur davon entdeckt. Dafür wartet die Insel mit herrlichen Naturschätzen auf.

Dominica

Dominica

Weiße Sandstrände und kristallklares Wasser, in der Inselmitte ein Gebirge, bewachsen mit dichtem Tropenwald, dazu ein See mit kochend heißem Wasser in einem überfluteten Vulkankrater – die kleine Insel Dominica ist ein Paradies. Das findet auch die Kuba-Amazone, die sich nicht nur auf Kuba, sondern auch hier heimisch fühlt.

Südamerika

In Südamerika wirkt manches wie einem Märchenbuch entsprungen. Es ist der Subkontinent der Naturrekorde. Das alles verbindende Element, die Anden, formen die längste Gebirgskette der Welt. Und das Amazonasgebiet wartet mit seinem riesigen Regenwald und dem gewaltigsten Flusssystem der Erde auf.

Nationalpark Canaima

Venezuela

Er ist der höchste Wasserfall der Erde: 979 Meter tief stürzt der erst 1910 entdeckte Salto Ángel vom Tafelberg Auyan-Tepui in den Abgrund. Da er sich mitten im Urwald befindet, erreicht man ihn nur mit einer eintägigen Bootstour, die in der Lagune von Canaima startet. Dennoch ist er die größte Touristenattraktion Venezuelas.

Nationalpark Canaima

Venezuela

Nationalpark Kaieteur

Guyana

In Guyanas einzigem Nationalpark sind nicht nur die namensgebenden Wasserfälle eine Attraktion. Er ist auch die Heimat vieler gefährdeter oder endemischer Tiere, zum Beispiel des nur zwei bis drei Zentimeter großen Guyana-Goldfrosches und des Tiefland-Felsenhahns, dessen Männchen eine leuchtend orange Farbe haben.

Río Rupununi

Guyana

Der Río Rupununi durchschneidet zuerst das Kanuku-Massiv im Südwesten. Dann wird er zum grünen Herzen einer Savannenlandschaft, die sich in Gelb- und Ockertönen bis zum Horizont erstreckt, bespickt mit Hunderten von Termitenhügeln. In der Regenzeit verwandelt der Río Rupununi alles in eine überflutete Wasserwelt.

Fernando de Noronha

Brasilien

Sollten die Brasilianer Trauminseln im eigenen Land nennen, dann wäre es der Archipel Fernando de Noronha. Eine der weltweit größten Delfin-Populationen zieht hier ihre Nachkommen auf, Korallen wachsen und im Sand der Praia do Leão legen Meeresschildkröten ihre Eier ab. Hier gelten extrem hohe Schutzauflagen.

Fernando de Noronha

Brasilien

Amazonien

Brasilien

Der wasserreichste Strom der Erde, der Amazonas, fließt durch das größte zusammenhängende Regenwaldgebiet. Die Wälder überwinden die Grenzen von neun südamerikanischen Staaten, etwa 60 % liegen in Brasilien. Amazonien ist ein einzigartiges Ökosystem, in dem die Eingriffe der Menschen massive Spuren hinterlassen.

Pantanal
Brasilien

Im Feuchtgebiet des Pantanal, einem riesigen Wasserareal mit flachen Seen, Sümpfen und morastigem Schwemmland, leben auch Kaimane. Sie können sich sehr gut tarnen und sehen, wenn sie regungslos auf dem Wasser treiben und nach Beute Ausschau halten, Baumstämmen oft täuschend ähnlich.

Atlantische Regenwälder

Brasilien

Die atlantischen Regenwälder Brasiliens waren einst ein unendlich großes Gebiet mit bewaldeten Bergen, reißenden Flüssen, tiefen Wasserfällen und flachen Sumpfgebieten. Durch Rodung wurde ihre Fläche extrem reduziert, viele endemische Tierarten wie das Kragenfaultier sind bedroht oder schon ausgestorben.

Beim stark bedrohten Goldenen Löwenäffchen waren Zucht- und Wiederansiedlungsprogramme erfolgreich: Rund 1000 Exemplare leben nun wieder in freier Wildbahn im drittgrößten Nationalpark Brasiliens. Neben den Äffchen und zahlreichen Orchideenarten locken Bergwander- und Klettertouren viele sportliche Besucher an.

Serra dos Órgãos

Brasilien

Iguaçu

Brasilien, Argentinien

Lange bevor man die Wasserfälle sieht, hört man sie bereits, ein leises Gurgeln, das schnell zu einem ohrenbetäubenden Grollen und Donnern anschwillt. Über eine Front von 2700 Metern Länge stürzen die schäumenden Wassermassen dann mit ungebändigter Gewalt in die Schlucht – es sind die breitesten Wasserfälle der Erde.

Iguaçu

Brasilien, Argentinien

Vulkan Quilotoa

Ecuador

Der in 4000 Meter Höhe gelegene Vulkan Quilotoa ist Teil der Westkordillere. Seine 250 Meter tiefe, gleichnamige Lagune schimmert je nach Sonnenstand und Lichtverhältnis smaragdgrün bis türkis. Entstanden ist sie bei dem letzten Ausbruch des Vulkans, der sich vermutlich im 13. Jahrhundert ereignete.

Gleich zwei aktive Vulkane liegen im Nationalpark Sangay, der namensgebende Sangay und der Tungurahua. Während der Sangay nahezu ständig Felsbrocken und Asche ausstößt, liegen zwischen den Eruptionen des Tungurahua im Schnitt ein bis zwei Jahre. Dann steigen bis zu 10 Kilometer hohe Aschewolken in die Luft.

Nationalpark Sangay

Ecuador

Galápagos-Inseln

Ecuador

Der Galápagos-Archipel ist aus Feuer und Asche geboren: Mehr als 100 Inseln sind es schon, und unter dem Archipel sorgt eine große Magmakammer für ständigen Nachschub. Die kleine Insel Bartolomé ist geologisch noch recht jung. Ihre Strände und die Felsnadel Pinnacle Rock sind bei Besuchern beliebte Fotomotive.

Galápagos-Inseln

Ecuador

Cordillera Blanca

Peru

Die Cordillera Blanca ist die höchste Gebirgskette des amerikanischen Kontinents, sie wird auch als das »weiße Dach Perus« bezeichnet. Mit ihren riesigen Gletschern sowie wilden Flüssen und Bächen formt sie eine einzigartige Naturlandschaft. Ihre 50 Berge über 5700 Meter sind ein attraktives Ziel für Bergsteiger und Kletterer.

Das Schutzgebiet rund um den Río Manú ist ein wahres Tierparadies, in dem man auf kopfüber hängende Dreizehige Faultiere, Flussschildkröten und verschiedene Echsen wie den Krokodilsteju trifft. Ungestört von der Zivilisation leben hier die indianischen Ethnien Machiguenga, Yaminahua und Amahuaca.

Nationalpark Manú

Peru

Salar de Uyuni

Bolivien

Die größte Salzpfanne der Erde, der Salar de Uyuni, kann in der Trockenzeit, etwa von Juli bis Ende November, gefahrlos mit dem Jeep befahren werden – so dick ist die Salzkruste. In der Regenzeit sammelt sich eine Wasserschicht im Becken und lässt es so wie einen gigantischen Spiegel wirken.

Das Wasser der Lagunen – hier die Laguna Cañapa – bringt Leben in die Höhenlandschaft des Altiplano. Obwohl es in vielen Fällen stark salzhaltig ist, gedeihen darin besondere Algen oder Krebse. An ihren Rändern finden Pflanzen feuchten Boden zum Wachsen, etwa Wüstengras, das den Vikunjas als Nahrung dient.

Altiplano

Bolivien

Nationalpark Eduardo Avaroa

Bolivien

Wenn die Morgensonne langsam Kraft gewinnt, heizt das Wasser der flachen Lagune sich schnell auf. Ihr Mikroklima schafft ideale Voraussetzungen für das schnelle Wachstum einer besonderen Algenart, die das mineralienreiche Wasser so rot färbt. Farblich passend: An der Laguna Colorada leben große Flamingobestände.

Kristallklar glitzert der Chungará-See auf 4520 Meter Höhe an der Grenze zu Bolivien. Tausende von Mini-Inseln aus sattgrünem Moos breiten sich an seinem Ufer kissenförmig aus. Im Hintergrund thront der 6348 Meter hohe Parinacota mit seiner Schneemütze. Gleich dahinter taucht sein Zwillingsbruder auf, der Pomerape.

Nationalpark Lauca

Chile

Atacama-Wüste

Chile

»Tal des Mondes« heißt die Landschaft nahe der Stadt San Pedro de Atacama. Das vegetationslose Tal voller bizarrer Salz- und Mineralformationen war vor Urzeiten ein See, seitdem schliff die Natur Türme und Figuren aus Salz, Sand und Lehm und schichteten Dünen aus zermahlenem Gestein auf.

Nationalpark Torres del Paine

Chile

Wie riesige Reißzähne ragen die Torres del Paine aus einer steingrauen Anhöhe in den Himmel. Zu ihren Füßen breitet sich ein See aus türkisfarbenem Gletscherwasser aus, gespeist von einem reißenden Fluss. Wer im Sommer hier ist, kann die Felsformation 17 Stunden bei Tageslicht sehen – Mittsommernacht auf Chilenisch.

Cerro Fitz Roy

Argentinien

Es ist ein mühseliger Aufstieg zur Laguna de los Tres, doch niemand, der mit diesem außergewöhnlich nahen Blick auf das Fitz-Roy-Massiv belohnt wird, bereut den Entschluss, die Baumgrenze hinter sich gelassen zu haben. Nicht immer zeigt sich der Berg, doch auch ohne die Aussicht macht die Laguna dessen Kraft spürbar.

Cerro Fitz Roy

Argentinien

Perito-Moreno-Gletscher

Argentinien

Eine surreale Szenerie: Die Zunge des Gletscherriesen ragt in den Lago Argentino. Der Perito Moreno staut so den südlichen Arm des Sees auf, bis dessen Wassermassen einen Teil der Gletscherfront wegsprengen und sich mit Gewalt ihren Weg in den restlichen Teil des Sees bahnen. Dann beginnt alles von vorn.

Nachdem der Falklandfuchs bereits im 19. Jahrhundert ausgerottet wurde, lebt kein räuberisches Säugetier mehr auf den Falklandinseln, sodass sich der Archipel zu einem Vogelparadies entwickeln konnte – zur Freude der Königspinguine, die hier in Kolonien von mehreren Millionen Tieren leben.

Falklandinseln

Großbritannien

Antarktis

Niemand kommt aus der Antarktis als der Mensch zurück, der er zuvor gewesen ist. Zu überwältigend ist dieser Ort aus Eis und Einsamkeit, aus Sturm und Schönheit. Er ist eine Hölle aus Eis, die mit fantastischen Farben und Formen verzaubert – mit gigantischen Eisbergen oder bizarren Gebirgen im Gletschergewand.

Südgeorgien und die Südlichen Sandwichinseln

Antarktis

Die geselligen Königspinguine leben in großen Kolonien. Schon die Kleinsten – erkennbar an ihrem fluffigen, braunen Federkleid – kommen in »Kindergärten« zusammen. Weibchen legen ein einzelnes Ei, das beide Eltern acht Wochen lang abwechselnd ausbrüten. Wer gerade nicht mit Brüten dran ist, geht auf Jagd nach Nahrung.

Südgeorgien und die Südlichen Sandwichinseln

Antarktis

Antarktische Halbinsel

Antarktis

Diese Welt aus Eis beeindruckte schon viele Abenteurer. Heute ist die Reise auf den Kontinent, der so groß ist wie Europa und Australien zusammen, recht bequem geworden. Spiegelglatte See, Eisbrocken und Sonnenschein: Die Gerlache-Straße zeigt sich von ihrer schönsten Seite. Doch blitzschnell kann das Wetter umschlagen.

Die bis zu 1,10 Meter großen Kaiserpinguine sind perfekt an die lebensfeindlichen Bedingungen in der Antarktis angepasst. Die in ihrem »Frack« so vornehm aussehenden Vögel sind sogar auf die eisige Kälte angewiesen: Wenn sich die Atmosphäre weiter erwärmt, wird der Bestand an Kaiserpinguinen deutlich abnehmen.

Weddellmeer

Antarktis

Register

Register

Bildnachweis

Abkürzungen:
A = Alamy, C = Corbis, G = Getty, M = Mauritius

Cover: G/Chris Moore - Exploring Light Photography
S. 002-003 G/Siegfried Czeczka; S. 004 Look Lukas Furlan; S. 005 G/Ole Henrik Skjelstad; S. 006 G/ Daniel Osterkamp; S. 007 G/Hougaard Malan Photography; S. 008-009 G/ Steve Whiston - Fallen Log Photography; S. 010 G/Westend61; S. 011 C/Thomas Marent; S. 012 G/ RAZVAN CIUCA; S. 013 G/David Rius & Núria Tuca; S. 014-015 G/Michele Falzone; S. 016 G/Christopher Kidd; S. 018-019 G/Aleksandr Naumenko; S. 020 C/Maurizio Rellini; S. 021 C/Hans Strand; S. 022 G/Sing Kwan Ng; S. 023 G/Theerayoot Tapina; S. 024-025 G/Chalermkiat Seedokmai; S. 026-027 G/Sjo; S. 028 G/Hans Strand; S. 029 G/Steffen Fossbakk ; S. 030 G/Ratnakorn Piyasirisorost; S. 031 G/Christina Krutz; S. 032 G/Zubair Safdar; S. 033 G/Steve Woods; S. 034 G/Jarmo Piironen ; S. 035 G/ Jani Riekkinen; S. 036-037 G/Southern Lightscapes-Australia; S. 038-039 Look/Tobias Richter; S. 040 G/1111IESPDJ; S. 041 G/Scott Robertson; S. 042 M/ Krzysztof Melech; S. 043 G/Loop Images; S. 044-045 G/ Ed Norton; S. 046 G/Wojciech Kruczynski; S. 047 G/Richard Clark; S. 048-049 G/Frans Sellies; S. 050 M/Alamy; S. 051 G/David Briard; S. 052 Look/Sabine Lubenow; S. 053 M/Andreas Jäkel; S. 054 G/Dieter Rabenstein; S. 055 G/Martin Rügner; S. 056 Look/Dave Derbis; S. 057 G/Jotily; S. 058 G/Colin Langford; S. 059 G/Uwe Moser; S. 060 G/Dieter Meyrl; S. 061 G/Achim Thomae; S. 062 G/Achim Thomae; S. 063 G/Andreas Neuburger; S. 064 G/Achim Thomae; S. 065 G/Alexander Schnurer; S. 066-067 G/Samuel Gachet; S. 068 G/ Mathieu Rivrin; S. 069 G/Mathieu Rivrin; S. 070 G/Guillaume Temin; S. 071 G/Frederic Prochasson; S. 072-073 Look/Andreas Strauß; S. 074 G/Pablo Gomez Sal; S. 075 G/David Santiago Garcia; S. 076 G/Funkystock; S. 077 G/Daniel Schoenen; S. 078 G/Frank Lukasseck; S. 079 M/Stefan Hefele; S. 080 G/Andrea Pistolesi; S. 081 G/ Krzysztof Baranowski; S. 082 G/Mauricio Abreu; S. 083 G/Cavan Images; S. 084 G/Westend61; S. 085 Look/Tobias Richter; S. 086-087 G/Aumphotography; S. 088 G/ Thanapol Tontinikorn; S. 089 G/Peter Zelei; S. 090-091 G/Giuseppe Torre; S. 092 Look/age; S. 093 G/Guy Edwardes; S. 094-095 M/Rainer Mirau; S. 096 M/Alamy; S. 097 Alamy/WaterFrame; S. 098 G/Michel Denis-Huot; S. 099 G/Philippe Caron; S. 100 M/Alamy; S. 101 C/Michele Falzone; S. 102 G/Jorg Greuel; S. 103 G/Evgeni Dinev; S. 104-105 Alamy/Ben Pipe; S. 106 M/Westend61; S. 107 Look/Reinhard Dirscherl; S. 108 M/Alamy; S. 109 G/ Luis Javier Sandoval; S. 110 C/Christophe Courteau; S. 111 M/age; S. 112-113 C/Guido Cozzi; S. 114 M/Minden Pictures; S. 115 C/Pete Oxford; S. 116 G/Anup Shah; S. 117 G/Jacob Maentz; S. 118 M/age; S. 119 G/Michele D'Amico; S. 120 G/Nigel Pavitt; S. 121 C/Jim Zuckerman; S. 122-123 G/Chris Schmid; S. 124 Look/Minden Pictures; S. 125 C/Fred Ward; S. 126 G/Johnathan Ampersand Esper; S. 127 G/Luis Davilla; S. 128 G/Chris Schmid; S. 129 G/HannesThirion; S. 130 G/Hannes Thirion; S. 131 G/Richard Du Toit; S. 132-133 G/Arctic-Images; S. 134 G/Markus Oblander; S. 135 G/Luis Leamus; S. 136 G/Lucyna Koch; S. 137 G/Vibhav Gupta ; S. 138-139 Laif/Christian Heeb; S. 140 G/David R Ferry; S. 141 G/Julian Parsons; S. 142 M/Alamy; S. 143 G/Paul Bruins; S. 144 G/Hougaard Malan; S. 145 M/Andrew Forsyth; S. 146 G/George Brits; S. 147 G/Emil Von Maltitz; S. 148 C/ Alex Hyde; S. 149 M/Günter Lenz; S. 150-151 G/Dennisvdw; S. 152 G/Jon Arnold; S. 153 G/Thomas P. Peschak; S. 154-155 G/FotoVoyager; S. 156 G/Sylvian Cordier ; S. 157 G/Elmar Akhmetov; S. 158-159 G/Anton Petrus; S. 160 G/Anna Dobos; S. 161 G/Ilia Shalamaev; S. 162 G/Ethan Welty; S. 163 Look/age; S. 164-165 C/O. Alamany & E. Vicens; S. 166 M/Isifa Image Service; S. 167 C/Ivan Vdovin; S. 168 G/Didier Marti; S. 169 G/Ksinan Peter; S. 170-171 G/Punnawit Suwuttananun; S. 172-173 G/Inigo Cia; S. 174 C/Christian Hütter; S. 175 G/ Steven Ruiter; S. 176 G/Deepak Tiwari; S. 177 C/Kim Petersen; S. 178 G/Nigel Pavitt; S. 179 M/Mohammed Abidally; S. 180-181 G/Francesco Vaninetti Photo ; S. 182 G/Anton Petrus; S. 183 G/Bayar Balgantseren; S. 184 C/ Colin Monteath; S. 185 G/Eastimages; S. 186 G/Lingqi Xie; S. 187 G/Zhu Xiao; S. 188 G/Sino Images; S. 189 C/ Xin ran; S. 190-191 G/Coolbiere photograph; S. 192 G/ Yifei Wang; S. 193 Look/Minden Pictures; S. 194-195 G/ Steve Peterson; S. 196 G/Higrace photo; S. 197 G/Imazins; S. 198 C/Topic Photo Agency; S. 199 C/Topic Photo Agency; S. 200-201 G/Vladimir Zakharov; S. 202 G/ Stocktrek Images/Richard Roscoe ; S. 203 G/Okada Masa; S. 204-205 G/Mixrinho; S. 206-207 C/Felix Hug; S. 208 G/Dollia Sheombar; S. 209 G/Simonlong; S. 210 G/ Photographer is my life.; S. 211 G/Michele Falzone; S. 212 G/Jethuynh ; S. 213 G/Nora Carol Photography ; S. 214 M/Chíen Lee ; S. 215 M/Alamy; S. 216 G/Jouan & Rius; S. 217 G/Ralph Lee Hopkins; S. 218 G/Chendongshan; S. 219 C/Marc Dozier; S. 220 G/Creativity is borderless; S. 221 C/Nicolas Marino; S. 222 C/Michele Falzone; S. 223 G/Emilio Maranon III; S. 224-225 G/Justin James Wright; S. 226-227 G/Julie Fletcher; S. 228 C/W. Perry Conway; S. 229 G/Stefan Mokrzecki; S. 230-231 G/ Ignacio Palacios; S. 232-233 C/Giles Bracher; S. 234 G/ Rodger Klein; S. 235 G/Michael Szonyi; S. 236 G/Peter Walton; S. 237 C/Steve Parish; S. 238 G/Peter Unger; S. 239 M/Alamy; S. 240 G/Neal Pritchard; S. 241 G/Southern Lightscapes-Australia; S. 242 G/Niti Chuysakul; S. 243 G/Viktor Posnov; S. 244 G/Viktor Posnov; S. 245 C/ Steve Parish; S. 246-247 G/Southern Lightscapes-Australia; S. 248 M/Alamy; S. 249 C/Konrad Wothe; S. 250 M/Alexander Schnurer; S. 251 G/Carl Warner; S. 252 G/ Christian Borkowski; S. 253 Look/age; S. 254 G/Byron Tanaphol Prukston; S. 255 M/Gerhard Zwerger-Schoner; S. 256-257 C/Colin Monteath; S. 258-259 C/Maurizio Rellini; S. 260 G/Mvaligursky; S. 261 G/Joel Tarleton; S. 262-263 G/Moritz Wolf; S. 264 G/Yunaidi Joepoet; S. 265 C/Christopher Ward; S. 266 G/Alastair Pollock Photography ; S. 267 G/Paul & Paveena Mckenzie; S. 268 G/Bernard Radvaner; S. 269 Look/TerraVista; S. 270-271 G/ Sandeep Thomas; S. 272 G/Chris Moore; S. 273 G/Daniel Viñé Garcia; S. 274 G/Marko Stavric; S. 275 G/Karen Crowe; S. 276-277 G/Sara Winter; S. 278 G/Patrick J. Endres; S. 279 G/Patrick J. Endres; S. 280 G/Sean Pavone; S. 281 G/Viktor Posnov; S. 282 G/Diana Robinson; S. 283 G/Michael Zeigler; S. 284 G/Mark C Stevens; S. 285 G/ Peter Lakomy; S. 286-287 G/Daniel Sambraus; S. 288 M/ Paul D Stewart; S. 289 G/Ronnie Wiggin; S. 290 G/Jan Zwilling; S. 291 G/J.J. Raia; S. 292 G/Alex Mironyuk ; S. 293 G/Michele Falzone; S. 294-295 G/Southern Light scapes-Australia; S. 296-297 C/Danny Lehman; S. 298 M/Alamy; S. 299 G/More images; S. 300-301 G/Michele Falzone; S. 302 G/Michele Falzone; S. 303 G/Kojihirano; S. 304 G/Steven Blackmon; S. 305 G/Danita Delimont; S. 306 G/Craig Lovell ; S. 307 M/Alamy; S. 308 M/Christian Vorhofer; S. 309 G/Richard A Cooke Iii.; S. 310-311 G/Ed Freeman; S. 312 G/Ferrantraite; S. 313 G/Gerald Nowak; S. 314 G/Javier Fernández Sánchez; S. 315 Alamy/Mark Conlin; S. 316 G/Eedgar Moskopp; S. 317 G/Matteo Colombo; S. 318 C/Konrad Wothe; S. 319 C/Thomas Marent; S. 320 G/Giordano Cipriani; S. 321 C/Philip Friskorn; S. 322-323 C/Michele Falzone; S. 324-325 G/ Apomares; S. 326 Look/photoshot; S. 327 C/Pete Oxford; S. 328-329 G/Roberto Peradotto; S. 330 G/Sebastien Lecocq; S. 331 C/Fotofeeling; S. 332 G/Douglas Frois; S. 333 C/Luciano Candisani; S. 334-335 G/Michele Falzone; S. 336 G/Arnaud Spani; S. 337 Look/Per-Andre Hoffmann; S. 338-339 G/Westend61; S. 340 G/Mmphoto; S. 341 M/Alamy; S. 342 G/Peter Giovannini; S. 343 C/Theo Allofs; S. 344 G/Herve Hughes; S. 345 G/Andre Distel; S. 346 M/Alamy; S. 347 G/Piriya Photography; S. 348-349 G/Rafax; S. 350 G/Aumphotography; S. 351 G/Art Wolfe; S. 352-353 G/Guillermo Giagante; S. 354-355 G/Wayne Lynch; S. 356 C/Christian Vorhofer; S. 357 C/Tui De Roy.

Impressum

© 2021 Kunth Verlag, München -
MAIRDUMONT GmbH & Co. KG, Ostfildern
St.-Cajetan-Straße 41
81669 München
Tel. +49 (0) 89 45 80 20-0
Fax +49 (0) 89 45 80 20-21
www.kunth-verlag.de
info@kunth-verlag.de

Printed in Turkey by Elma Basim
ISBN 978-3-96965-024-0
3. Auflage
Text: Anke Benstem, Kai Dürfeld, Robert Fischer, Silke Haas, Dr. Stefan Jordan, Anja Kauppert, Daniela Kebel, Andrea Lammert, Dörte Saße, Iris Schaper, Jakob Strobel y Serra

Verlagsleitung: Grit Müller
Redaktion: Isabel Rößler, Elke Sagenschneider, Annika Voigt
Gestaltung: Christopher Kunth

Alle Rechte vorbehalten. Reproduktionen, Speicherung in Datenverarbeitungsanlagen, Wiedergabe auf elektronischen, fotomechanischen oder ähnlichen Wegen nur mit der ausdrücklichen Genehmigung des Copyrightinhabers.

Alle Fakten wurden nach bestem Wissen und Gewissen mit der größtmöglichen Sorgfalt recherchiert. Redaktion und Verlag können jedoch für die absolute Richtigkeit und Vollständigkeit der Angaben keine Gewähr leisten. Der Verlag ist für alle Hinweise und Verbesserungsvorschläge jederzeit dankbar.